シリーズ「遺跡を学ぶ」

077

よみがえる大王墓

今城塚古墳

森田克行

新泉社

よみがえる大王墓
―今城塚古墳―

森田克行

【目次】

装　幀　新谷雅宣
本文図版　松澤利絵

① ● **千木のある祭殿風の家**（高さ 170 ㎝）
円筒の総柱で支えられた台部の上に、入母屋式の屋根をもち、板壁で吹き抜けの建物本体を設置している。屋根の両側の破風板は上部で交差し突き抜けており、のちの神社建築の千木の原形とも考えられる。祭祀場三区に配置。

②● **鵜飼儀礼を添描した家**（高さ 132 cm）
台部の上に入母屋の屋根をもつ円柱吹き抜けの祭殿を表現し、
軒先に鵜と魚をヘラ描きする。祭祀場一区に配置。

③● **片流れ式、寄棟式、入母屋式、切妻式など各形式の小形の家**
（左端の家の高さ 56 ㎝）

比較的小ぶりな家の一群だが、寄棟式と入母屋式が通常の住まいなのに対し、切妻式は開放的な、片流れ式は閉鎖的な特異な仕様になっている。

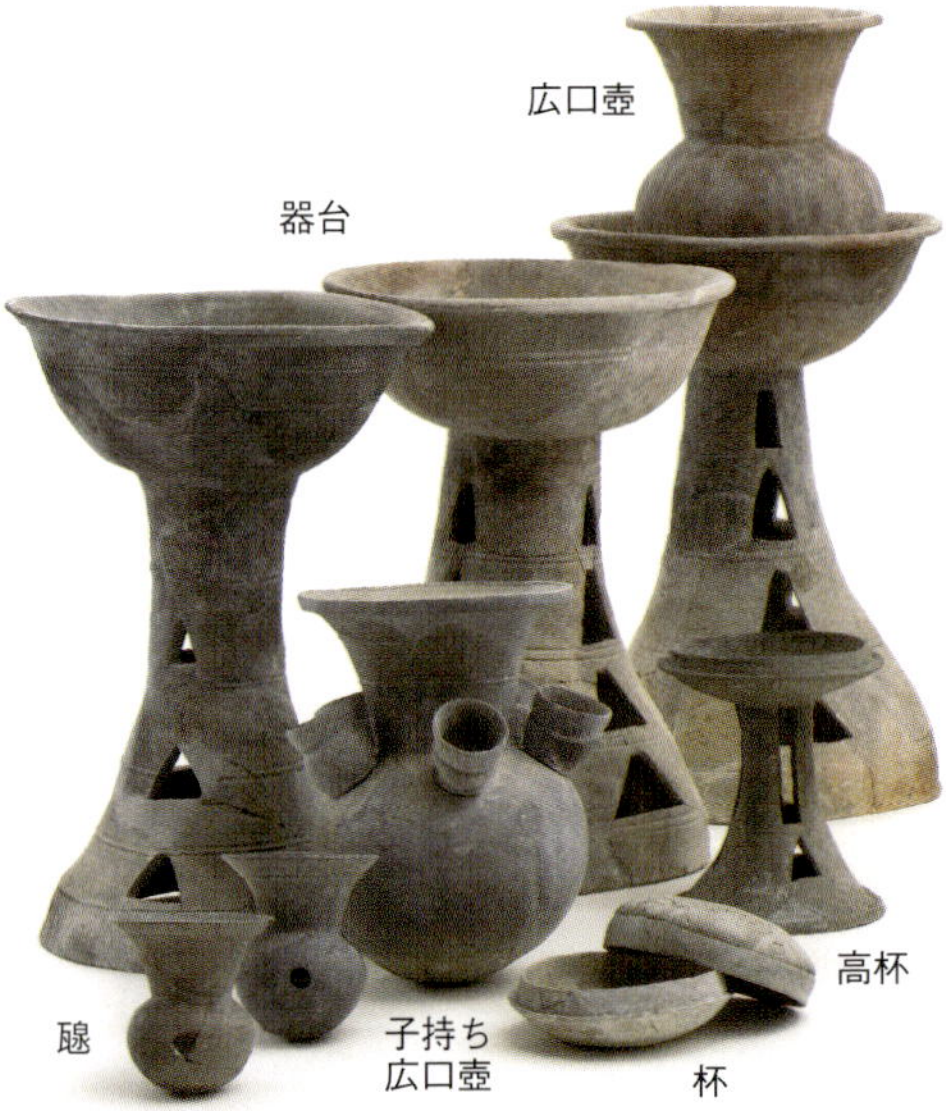

⑤● **須恵器**（高杯、高さ 21 ㎝）

④● **器台**（手前、高さ 51.5 ㎝）
壺や供物を載せる台を表現したもの。

⑥ ● **大刀［盾付］、盾、甲冑**（盾、高さ 122 ㎝）
大刀には木製柄頭（左１点）と鹿角製柄頭（右２点）を模した２種がある。盾の円筒部の前後に鹿の絵記号のヘラ描きあり。甲冑は衝角付冑と肩甲付き短甲と草摺のセット。

⑧● **巫女**（高さ 94 cm）
両足を造形する希少なタイプ。足玉をまきつけ、上体を反らすように両手をあげたポーズをとる。

⑦● **武人・鷹飼人**（武人、高さ 118.5 cm）
武人は眉庇付き冑と挂甲を装着し、腰に玉纏大刀をはく。鷹飼人は左手に内向きの鷹をもつ正当なポーズをとる。

⑨● **牛**（高さ 59.5 cm）
全体が復元できる全国で唯一の牛。尻尾の付け根が筋状に盛りあがり、牛の特徴がうまくとらえられている。

⑩● **力士**（右側、高さ 101 cm）
頭部に髷を結い、腰に廻しを締めている。左手を高く掲げ、右手をおろしたポーズは土俵入りの仕草に似る。足には脚結いがつけられている。

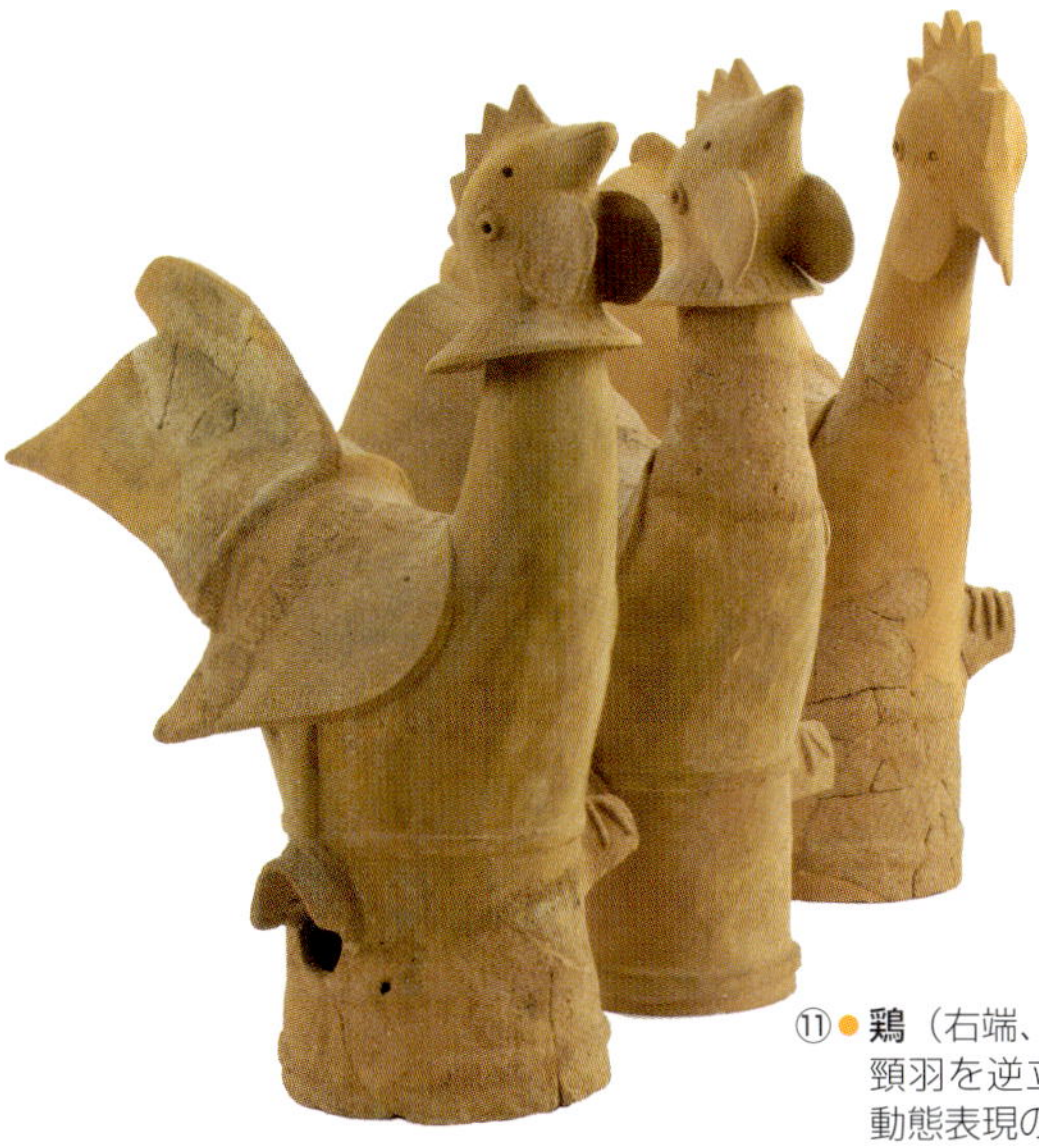

⑪● **鶏**（右端、高さ 80 cm）
頸羽を逆立てて鳴きだす瞬間をとらえた動態表現の 2 点と通常の静態表現の 1 点。

第1章　今城塚古墳の変貌

1　巨大古墳のロングラン調査

大阪府高槻市《たかつき》にある今城塚《いましろづか》（図1）は、淀川北岸地域随一の前方後円墳で、早くから「真実の継体陵《けいたいりょう》」との論議がある著名な古墳である。

かつては近隣の村々が里山的に利用していたが、墳丘の大半はブッシュが繁茂して荒れ放題、埋もれた濠の大半は田畠と化していた（図2上）。しかし、一九五八年の史跡指定により恒久保存がはかられて以降は、除草や樹木の剪定《せんてい》もおこなわれ、荒涼とした古墳も徐々に生気をとり戻していったのは幸いだった。その一方で古墳周辺の宅地化もすすみ、以前の農村風景のなかの古墳という景観は一変し、現在は街なかの古墳としての趣が強い（図2下）。

一九九七年から二〇〇六年にかけておこなわれた発掘調査では、墳丘の段築《だんちく》や造出《つくりだし》の状況がはじめて明らかになるなかで、意外だったのは外濠《そとぼり》が空濠だったことだ。古墳づくりでは石室

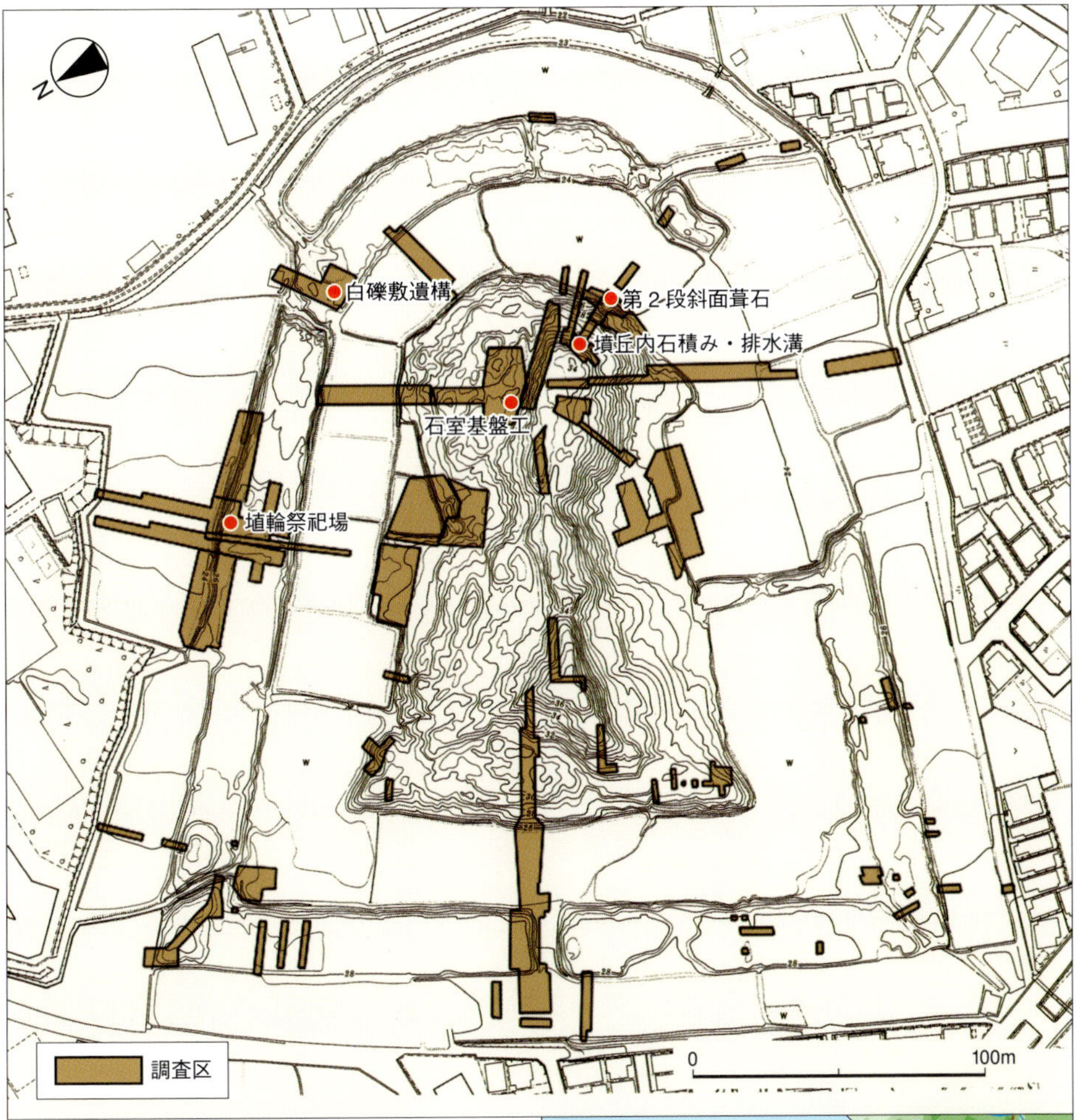

図１ ● 今城塚古墳の位置と現況平面図
古墳の各所にみられる矩形の範囲は 1997 年から 10 年間実施した発掘の調査区。

図2 ● 西側からみた1950年代の今城塚（上）と南側からみた2004年の今城塚（下）
両者をくらべると、古墳周辺の宅地化が著しい。1958年の史跡指定の措置がなければ、古墳の消滅は時間の問題だった。

基盤工を検出するなど、最先端の土木技術を駆使していたことも判明した。また三種類の破砕した石棺材が数多くみつかり、一古墳に三つの石棺という希有な事例として注目も集めた。とくに北側内堤外辺に造成された張出《はりだし》で発見された大規模な形象埴輪群は、全国的に大きな反響をよんだ。

これらの調査成果については新聞でも大きくとりあげられ、現地説明会には全国から二万八〇〇〇人を超える見学者があり、石棺の修羅《しゅら》曳きイベントも、市民ボランティアの協力と二五〇〇人の参加を得て盛大に催された（図3）。一つの巨大古墳での一〇年間におよぶロングラン調査が成功裡に終了できたのも、こうした市民の支えと応援によるところが大きかった。

2　想定外の伏見地震禍

今城塚古墳は、二重の濠を含めた総長が三五四メートルという壮大な規模にくらべ、高さが現状で約一一メートルしかなく、ながらく扁平な墳丘とのイメージがぬぐえなかった。

二〇〇〇年一一月一六日、前方部前面の調査区を検分して、

図3 ● 2005年に今城塚でおこなわれた石棺修羅引きイベント
重さ約7tの石棺と重さ約2tの修羅を市民ら約400人で曳ききった瞬間。そのときの会場は砂ぼこりと見学者の歓声に包まれた。黒い法被と地下足袋を身に付けた人は、現代の重量物運搬のプロ。

わたしは唖然となった。調査用のトレンチは墳丘から内濠、内堤、外濠まで貫いたもので、壁面の土層には墳丘から一気に滑落してきた墳丘土が、もんどりを打つように内堤に突き当たった瞬間をみごとにとらえていたからである（図4）。

地震による地滑り面と一連の墳丘土の崩壊が、はじめて明らかになったのだ。この地震痕跡についての寒川《さんがわ》旭《あきら》（地震考古学）の見解は、一五九六年（文禄五）九月五日午前〇時頃に発生した伏見地震（マグニチュード8相当）による墳丘崩壊で、直接的には有馬―高槻構造線活断層系を構成する安威《あい》断層が活動した結果、その断層の直上にあった今城塚がはげしい地震動をこうむったというものであった。

唖然とした理由は、『摂津志《せっつし》』（一七三五年〈享保二〇〉頃）の「今城陵《いまきのみささぎ》在郡家村永禄年中為城砦」の記載をふまえ、後円部側の内濠で一辺数メートルの土塊が無数に埋積していた事実を、人為的な墳丘切り崩しと理解していたからで、まさに驚天動地の心境であった。

図4 ● 今城塚前方部前面の内濠に滑落した墳丘土の状況
内濠埋土が一瞬のうちにえぐりとられ、地震のすさまじさが伝わってくる。

いずれにしても想定外の伏見地震による墳丘崩壊の認識により、一七二九年（享保一四）作成の『郡家《ぐんげ》村・東五百住《ひがしよすみ》村境検分絵図』（図5）に描かれている濠や堤の分断された今城塚の状況も納得でき、整備前の荒涼かつ不可解な古墳の形状についても、多くの解答が得られるようになった。ひとつには前方部前面中央部や墳丘北面にみられる扇状の一連の窪地（図1）は、地震によって円弧状に土砂が滑落した特有の痕跡と認識され、その円弧滑りに対応する内濠部にかぎって陸化し、多くの田畠が開墾されていたことも了解された。逆に前方部北西隅部や南西隅部に現存する池は、内濠の名残であると認識できたのである。これらの伏見地震の爪痕は今城塚にとって負の遺産に違いないが、恒久保存を目指すうえでは大事な認識であり、警鐘ともなった。

3　いまひとつの墳丘破壊

今城塚の内濠の埋め立てにかかわって、地震の崩落では理解できない部分がある。それは墳丘南辺のくびれ部付近から後円部にかけて辺長約一〇〇メートルの範囲の墳丘崩落が小規模にもかかわらず、内濠が完全に埋まっていたことである。

そこであらためて測量図（図1）をみると、明らかに地震で

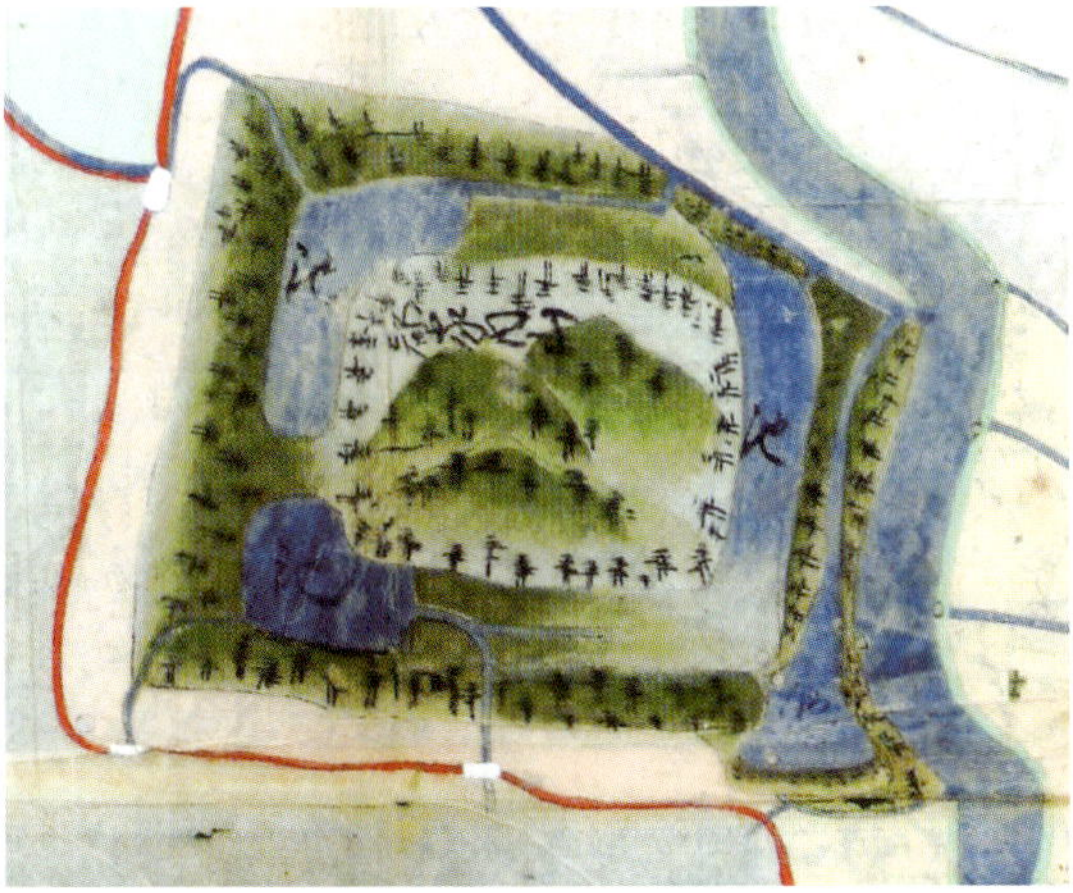

図5 ●『郡家村・東五百住村境検分絵図』
絵図の上が北で、墳丘の右側が後円部、左側が前方部。東に流れているのが今井出用水路。赤線は里道、青線は水路。

崩壊した墳丘の北半部から前方部にかけては、地震崩壊のあとそのまま放置された結果、瘤《こぶ》状の高まりがアトランダムにいくつも観察されるのに対し、墳丘南半部はそれが一切みられないのである。考えられることは、伏見地震後に墳丘の当該部分を開平して濠を埋め立てたからとみられ、おそらく同時に南側内堤部分の盛土もあわせて投入したことがうかがえる。

そのことを裏づけるのが、一六九五年（元禄八）に作成された『虻山《あぶやま》山論絵図』である（図6）。さきの『郡家村・東五百住村境検分絵図』を含めて、これら郡家村に残されてきた地誌は、もとより陵墓の記載が目的ではないので、そのぶん添描された古墳図には、りっぱにみせるような恣意的表現が少なく、客観性が高い。この『虻山山論絵図』には墳丘の北辺部を除いた内濠部がはっきりと描かれ、二本の渡り土手は近年まで継承されてきたことがわかる。さらには『郡家村・東五百住村境検分絵図』に描かれている後円部外濠の「外池」がみられないことから、南側内濠の埋め立てと外池の掘削が一七二九年（享保一四）までの間に、一連の工事としておこなわれた可能性が高まったといえる。その理由は今城塚に東接して南流する今井手《いまいで》用水路の貯水・ダム機能を果たすための外池の掘削、そして外池の設営によって失われる田畠を、同じ郡家村の所管地である南側東半の内濠の埋め立てによって確保しようとしたためと考えられる。

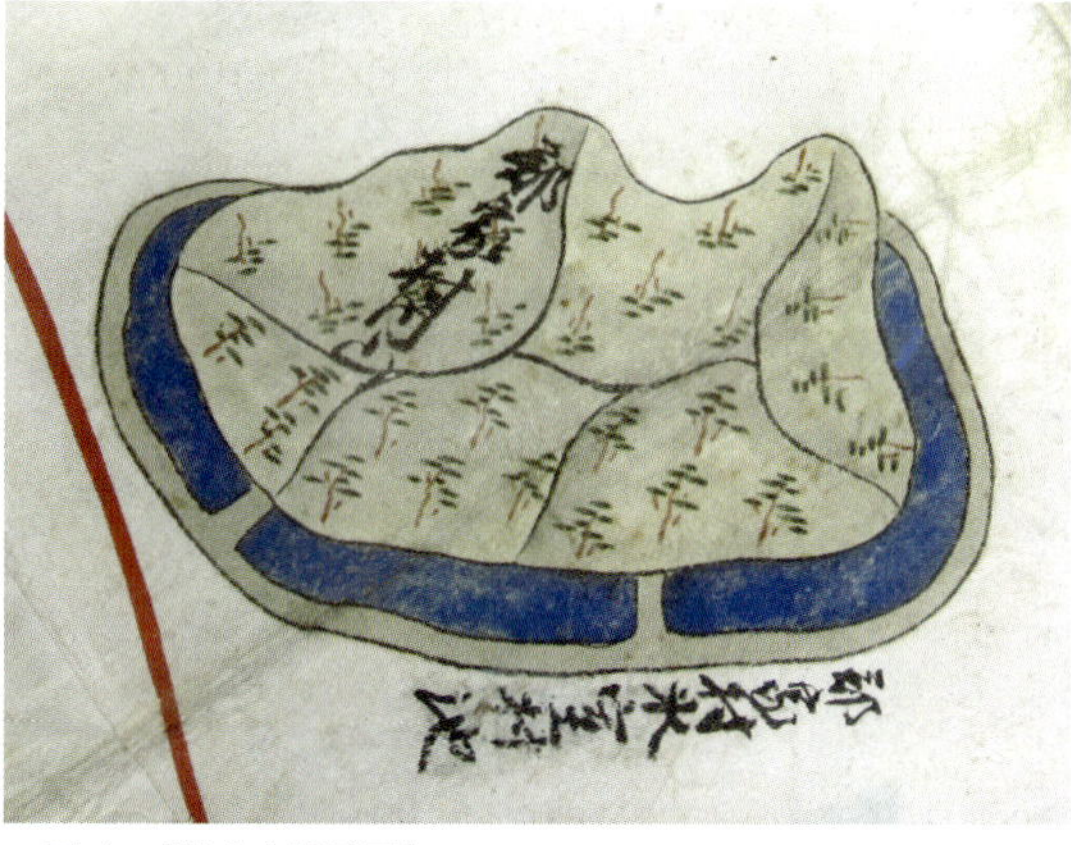

図6 ●『虻山山論絵図』
墳丘に「郡家村内山」、外辺部に「郡家村氷室村池」の表記あり。赤線は里道。

第2章　摂津と三島古墳群

1　摂津のなかの三島

三島の地

古代、摂津《せっつ》には国際港である難波津《なにわづ》をはじめ、住吉津《すみのえのつ》、大伴津《おおとものつ》、武庫水門《むこのみなと》などの諸港が展開し、まさに津を摂《お》さえる役割を果たすのにふさわしい陣容となっている。『日本書紀』仁徳一一年条には難波堀江の開削と茨田堤《まんだのつつみ》の築造、『古事記』仁徳段には茨田堤、茨田三宅《まんだのみやけ》、難波の堀江《ほりえ》、墨江《すみのえ》の津のことが記され、仁徳大王《にんとく》が、難波の高津宮《たかつのみや》の造営ともあいまって、大阪湾岸から淀川下流域にかけての地域を精力的に開発していたことがうかがえる。

淀川中流域の北岸に広がる三島が摂津の東北部にあって、その一画に組み込まれている最大の理由は、いつに淀川沿いの河港が瀬戸内に連なる港津《こうしん》としての機能を果たしていたからにほかならない。後述する古代の筑紫津《つくしつ》をはじめ、淀川の支流である芥川《あくたがわ》沿いの津之江《つのえ》には筑紫津神社が現存し、さらに筑紫津神社の北約二キロの芥川右岸にある式内阿久刀《しきないあくと》神社は三島県《みしまのあがた》主《ぬし》一族の氏神で、船の帆柱を神格化したといわれる住吉《すみよし》三神を祀っている。そのほかにも安威川沿いの溝咋《みぞくい》神社には海神的性格の強い事代主《ことしろぬし》神を祀る事代主神社があり、淀川中洲に所在した伝承をもつ三島鴨《みしまかも》神社の祭神は事代主と海人族が信仰する大山祇《おおやまつみ》神である。古代の三島のカミ祀りに、水運に関係する神社がことのほか多くみられるのは注意されてよい。

三島は御島

地名としての三島は、『古事記』の神武段にある「三嶋湟咋《みしまみぞくい》」、同じく継体段の「御陵者三嶋之藍御陵也」が、また欽明《きんめい》紀二三年条の「三島郡埴廬《はにいお》」、さらには七〇九年（和銅二）頃と推定される「三島上郡白髪部里」と記した平城宮跡出土の木簡がある。人名では、安閑《あんかん》紀に地名由来の名を体した「三島県主飯粒《いいぼ》」をはじめとして、律令時代に郡領等をつとめた三島県主一族の名があげられる。一方、郡名の変遷については、飛鳥時代の「三島評《みしまのこおり》」が七〇一年の『大《たい》宝令《ほうりょう》』施行にかかわって、東半の「三島上郡」と西半の「三島下郡」に二分されたとみられ、その直後には「諸国郡郷名著好字令」にしたがい、「島上《しまのかみ》郡」と「島下《しまのしも》郡」に名称変更され、以後定着していった。その後「三島」が再び郡名として復活するのは、ずっとのちの近代の郡制が施行された一八九八年（明治三一）のことである。

古代における「三島評」から「三島上郡・三島下郡」への分郡、そして「島上郡・島下郡」への郡名の変遷は、「三」が三島に冠せられた美称ゆえのなりゆきと考えられる。二〇〇四年、紀伊山地の霊場と参詣道、いわゆる「熊野古道」が世界遺産に登録された。『万葉集』では柿本人麻呂《かきのもとのひとまろ》はこの熊野をさして「み熊野」と詠み、山部赤人《やまべのあかひと》や大伴旅人《おおとものたびと》は離宮のある「吉野」を「み吉野」と表現している。とくに美称の「み」を地域の呼称に使用する場合は、国家的な祭祀の対象地や朝廷にとって特別に大事な土地をさすと、多くの万葉学者の説くところである。摂津の三島についても、後述する三島古墳群に体現されるように、三世紀以来、大和王権にとって重要な役割を果たしてきた「シマ」の地域が、いつしか美称を冠せられて「ミシマ」になったと推察される。その後、律令期の分郡を経て、「二字表記」が敢行されたとき、美称由来の「ミ（三）」がとり除かれたのだろう。

この推論をより確かにする史料として、伊予国風土記（逸文、『釈日本紀』巻七所収）をあげよう。その「御嶋」の項に、「伊予国乎知郡《おち》御嶋《みしま》に祀られている大山積神《おおやまつみのかみ》は、別名を和多志《わたしの》大神《おおかみ》といい、この神は仁徳《にんとく》天皇の御世に顕現、もとは百済《くだら》国から渡来し、津《つ》の国の御嶋《みしま》に祀られていた。御嶋は津の国の御嶋の名称である」とあって、摂津国のミシマに美称の「御」字をあて、御嶋と記しているのは看過できない。

2　三島古墳群

三島の地勢は北側を北摂山地、東側を天王山の山塊、西側を千里丘陵によって囲まれ、南側は大河である淀川によって東西に大きくひらかれている。そのただなかにある平野部は約九〇平方キロあり、南方上空から俯瞰《ふかん》すると、まるで大きな箱庭のような景色に映る。平野部の一帯は北摂山地から流れ出る水《み》無瀬《なせ》川、桧尾《ひお》川、芥川、女瀬《にょぜ》川、安威川、茨木《いばらき》川など、幾筋もの河川によって潤う地味豊かな地域である。とりわけ、平野の中央部にあって、芥川と安威川に挟まれた広大かつ高燥な富田《とんだ》台地（低位段丘）は、律令時代に至るまで三島の枢要地として機能していく。

　三島には青龍《せいりゅう》三年（二三五）銘鏡や三角縁《さんかくぶち》環《かん》

図7 ● 三島古墳群分布図
主要な古墳の大半は丘陵部から平野部にかけて分布している。
古代の山陽道は現在、西国街道として残っている。

状乳神獣鏡《じょうにゅうしんじゅうきょう》など五面の舶載鏡《はくさいきょう》がみつかった三世紀中頃の安満宮山《あまみややま》古墳を最古として、三世紀後半から四世紀にかけての岡本山《おかもとやま》、弁天山《べんてんやま》、闘鶏山《つげやま》、紫金山《しきんざん》、将軍山、五世紀の前塚《まえづか》、太田茶臼山《おおだちゃうすやま》、土《ど》保山《ほやま》、番山《ばんやま》、六世紀の南《みなみ》塚《つか》、今城塚、昼神車塚《ひるがみくるまづか》、海北塚《かいほうづか》、七世紀の阿武山《あぶやま》などの著名な古墳のほか、古墳時代の全期間にわたって、大小五〇〇基以上の古墳が展開する（図7）。なかでも富田台地に並び立つ太田茶臼山（全長二二六メートル）と今城塚（全長一八一メートル）は、古代三島の趨勢がうかがえる象徴的な巨大古墳であり、その雄姿は淀川南方のはるか河内地域からも望めたに違いない。

第3章　今城塚古墳の実像

1　今城塚古墳築造の経過

築造地の野焼き

前方部を北西側に向けた今城塚は、およそ三六〇メートル四方の範囲を占用して築造されている。築造前の旧地表面は最高所が外堤西北部の標高約二六メートル、もっとも低い地点は外堤南東部の標高約二三・七メートルで、北西から南東にかけてわずかに傾斜する平板な地形を利用していた。したがって墳丘のほとんどと内堤の上半部は盛土による造成となる。

また、地山面まで掘り下げた調査区では、盛土下で一様に薄く黒化した旧地表面が観察され、古墳造成前に野焼き、もしくは樹木の伐採や除草後に火入れした様子がうかがえた。

地鎮の祭祀場

内堤北東隅の旧地表面で東西約九メートル、南北約五メートルの隅丸《すみまる》の凸形に復元できる石敷き遺構がみつかった（図8）。

石敷きは、いずれも淡路島産の径二〜四センチの長石《ちょうせき》主体の円礫、ないし拳大の泉南酸性岩《せんなんさんせいがん》類《るい》流紋岩《りゅうもんがん》の二種の石材を使い分けて敷きならしていた。祭祀関連の遺物は出土しなかったが、遺構直下の旧表土が薄く黒化していて、造成地全体を火入れしたのちの施工が確認されている。また検出位置が内濠と外濠を掘削する場所をさけ、内堤造成後も確実にのせるところを選定して敷設したものとみられ、古墳の築造に先立ってとりおこなわれた地鎮のための祭祀場と考えられる。

陪冢をつくらない

誉田御廟山《こんだごびょうやま》古墳（応神《おうじん》陵古墳）であれ、大仙《だいせん》古墳（仁徳陵古墳）であれ、大王墓級の大形古墳では、近接地にしばしば陪冢《ばいちょう》が営まれる。三島でも太田茶臼山に八基の陪冢が指摘できる。今城塚についても狐塚や前塚が該当するとされてきたが、最近みつかった掛塚《かけづか》を含めて、いずれも今城塚に先行する中・小規模の中期古墳と認定され、陪冢は見いだせない。むしろこれらの古墳は、郡家本町《ぐんげほんまち》遺跡の大形建物や郡家川西《ぐんげかわにし》

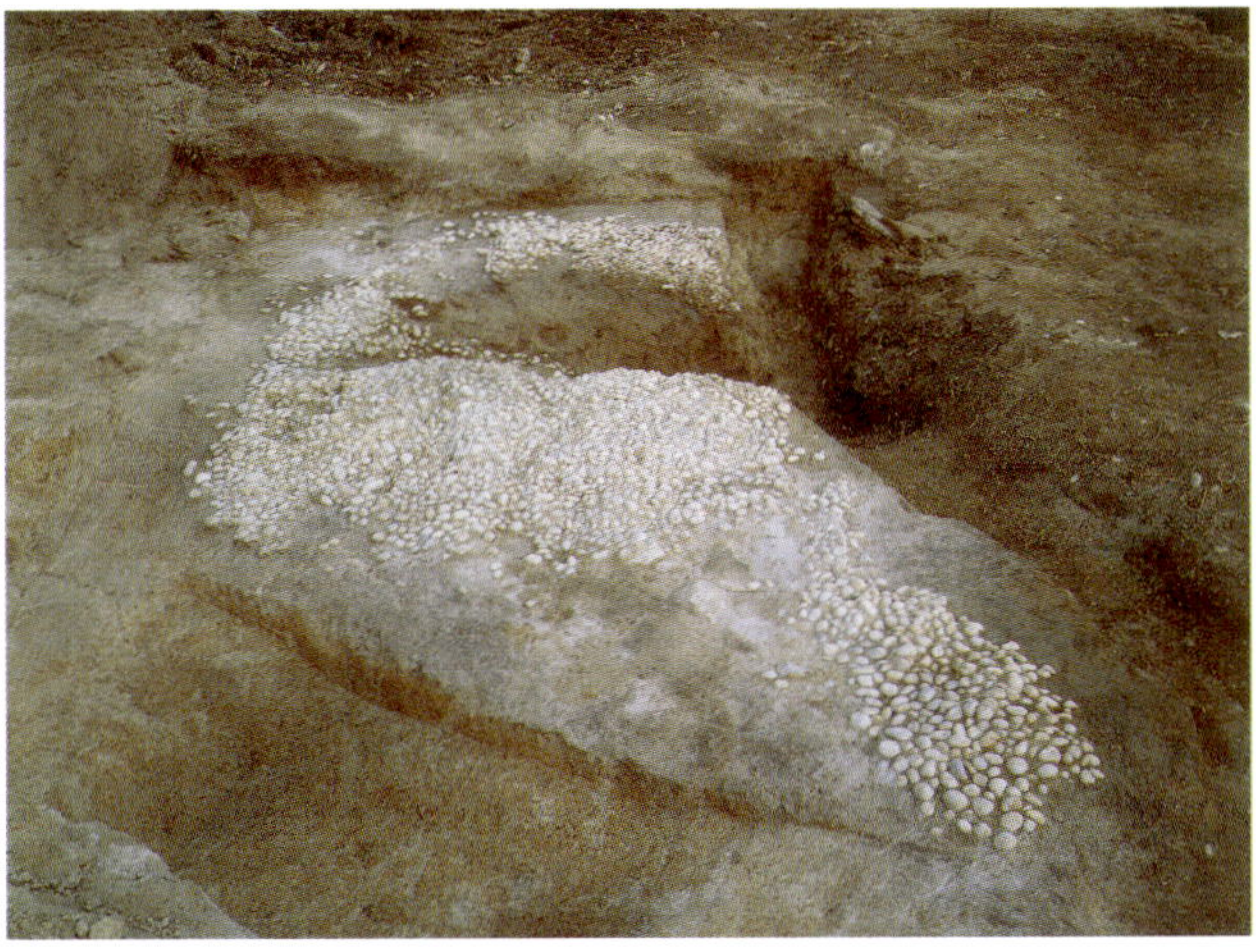

図8 ● **地鎮のための祭祀場**
二種類の白色系石材を使い分け、祭祀の場を清浄化していた。
奥の溝状にえぐれているところは、後世に掘削されたため。

遺跡に居を構えていた在地の豪族である三島県主一族の首長層の墓と考えられる。今城塚は、かれらの葬地の西南部の一画を大きく割りとって造営された可能性が高い。

実際に、今城塚の造営以後の在地の首長墓は、川西《かわにし》四号墳などがある川西古墳群（東群）に移り、葬地の変更を余儀なくされた実態がうかがえる。

2 今城塚古墳の仕様

図9は、一〇年にわたる調査成果をもとに復元した今城塚の平面図と立面図である。伏見地震のダメージのため推定部分もあるが、調査データに沿ったもので復元に違和感はない。以下に判明した古墳の仕様について、調査前と調査後の認識の違いを踏まえながら簡述しよう。

表1には古墳の各部位の法量をまとめた。計測値は古墳完成時の様態を基本とし、内濠の幅は水が張られた状態、具体的には護岸列石の中位を、空濠の外濠については裾ラインを基点に算出し、墳丘、内濠、内堤、外濠などの高さ関係については、古墳の中軸線上の値を使用している。今後、巨大古墳における規模の数値化について、参考となる指標と考える。

墳丘

段築 従前から約一〇〇メートルとしていた後円部の底径に対し、高さが約一一メートルと低平であったため二段とみていたが、一段目テラス面の検出高（標高二七・九メートル）と後述する現況墳頂部の石室基盤工の検出高（標高三三・七メートル）を根拠に、さらに基盤工のうえに構築されていた石室の規模を加味して三段とした。前方部についても、後円部と同様に三段と想定し検討したが、前面の一段目テラス面の高さ（標高二九・三メートル）と現墳頂部で原位置を保って検出した埴輪列の検出高（標高三七・五メートル）をもとに二段目の前端部高が五・八メートルと算定されたことから、二段と考定した。

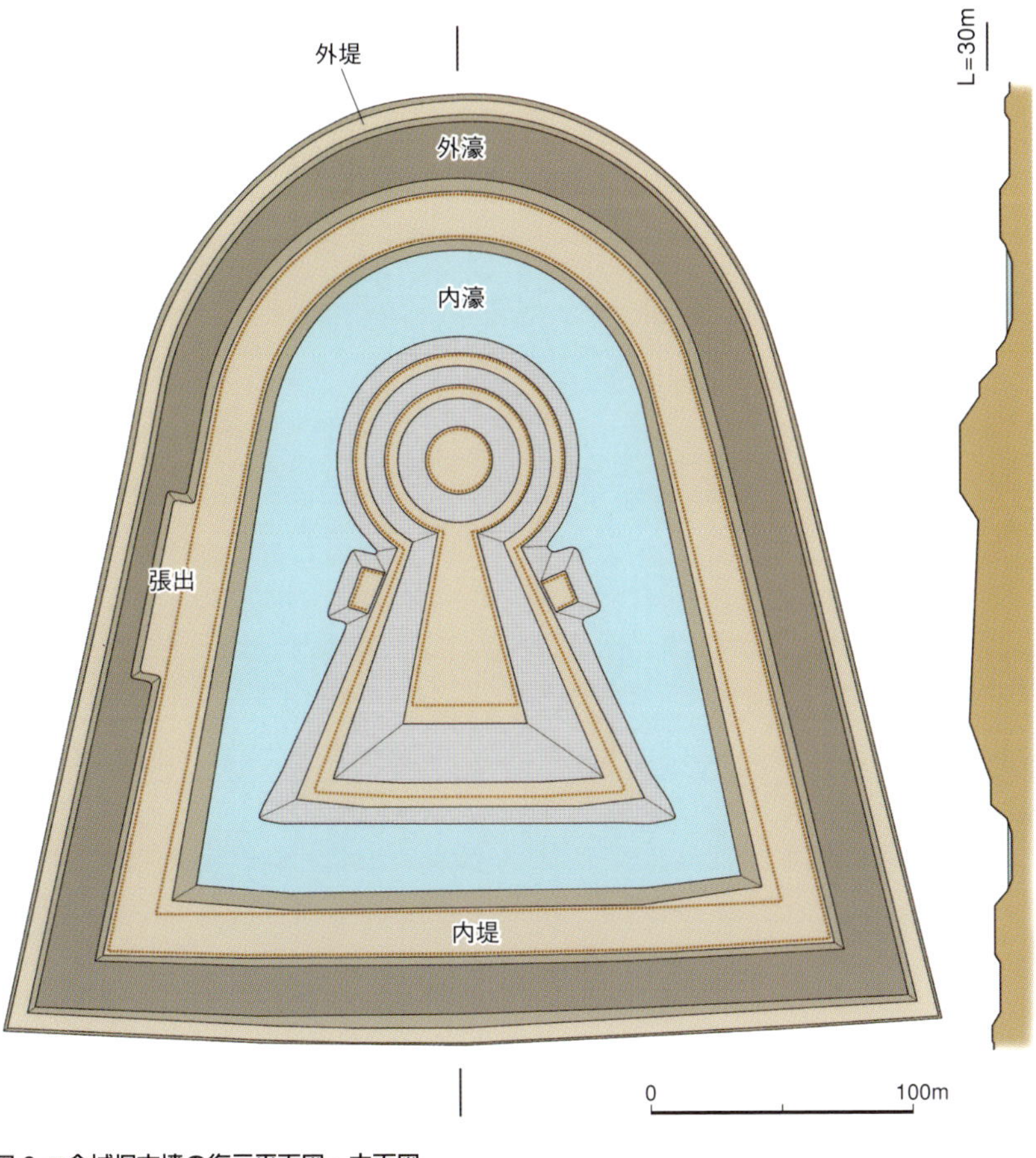

図9 ● 今城塚古墳の復元平面図・立面図
水色の部分は内濠の適正な水面のレベル（護岸列石中位レベル）を再現している。
墳丘および内堤部にある茶色の点線様の表現は円筒埴輪列を示す。

要は後円部三段、前方部二段に復元したわけで、前方部を三段とせずに二段とすることについては、いささか後ろ髪をひかれる思いもあるが、調査結果を考慮しての結論ではある。

造出　伏見地震により頂部が滑落していたが、両側とも幸いなことに基底部はしっかりと確認できた。なお北側造出の頂部から滑落した祭祀用の杯《つき》、高杯《たかつき》、広口壺《ひろくちつぼ》、子持壺《こもちつぼ》、甕《かめ》、器台《きだい》、𤭯《はぞう》などの六世紀前半の須恵器（ＴＫ10型式古相）が内濠埋土《まいど》の上層部からみつかっている（口絵⑤）。

盛土　基本的に幅・長さとも四〇～六〇センチ、厚さ約一〇センチの土塊を鱗状に集積していったもので、墳丘の下方には黒色土、上方には黄灰色土を多用するなど、使い分けがうかがえる。盛土の固結度はきわめて高く、地震による亀裂や地滑りのため、一辺数メートルもあるブロックに分割され、なおかつ数十メートル滑落しても粉々に崩れていなかった（図13）。調査で崩落土を処理する際にも、パワーショベルの歯がなかなか立たなかったのには驚いた。

全長 354		全幅 358	墳丘長 181
後円部	1段目	直　径	91.2
		高	4.9
	2段目	直　径	69.5
		高	5.8
	3段目	直　径	46
		高	7.3
	全　体	高	18
	墳頂部	径	25.5
前方部	1段目	幅	157.9
		長	101.4
		高	6.3
	2段目	幅	102
		長	91.5
		高	8.2
	全　体	高	14.5
	墳頂部	幅	47
造出	北　側	上面張出幅	6.5
		上面北辺長	3.5
		底面張出幅	4.3 and 3
		底面北辺長	11
		高	4
	南　側	上面張出幅	5
		上面南辺長	4
		底面張出幅	4.2 and 3.6
		底面南辺長	10
		高	4
内　濠		幅	25.1～32.1
内　堤		下　幅	26.8～27.6
		上　幅	18.1～18.3
		高	2.4～5.1
外　濠		幅	19.0～20.6
外　堤		下　幅	約 10.7
		上　幅	5.8 ～ 6.1
		高	1.7 ～ 3.3

表1 ● **今城塚古墳の諸元表**（単位 m）
墳丘裾と内濠は護岸列石中位を基準とした。各数値は中軸線ないしそれに直交する線上、造出等は遺構の方向性をとらえて計測した。

葺石　墳丘の一段目、二段目、造出などで確認されたが、その多くは遺存状態があまりよくない（図10）。比較的良好だった後円部東側の二段目の斜面では、裾部で約二四メートルにわたって弧状に検出し、約一・七メートルの高さまで確認できた。施工の状況としては、まず裾から高さ約一・二メートルまでは一抱えもある石材（長辺三〇～五〇センチ）で急角度（三八～五〇度）にたちあげ、それ以上はやや小ぶり（径二〇センチ前後）の石材を用いていくぶんかゆるく（二〇～三〇度）葺き、中途で稜線が生じるいわゆる腰折れとなっていた。石材はチャートや珪岩などで、すぐ近くの芥川の川原石を使用している。

墳丘の埴輪　後円部の一段目テラスで普通円筒四本に対し朝顔形円筒一本の割合で隙間なく並べられた埴輪列のほか、前方部の南西コーナーでは隅切りした状態で要所に朝顔形埴輪を配置した円筒埴輪列が確認されている。二段目の埴輪列は、前方部の墳頂でややまばらな状態の配列が確認されており、二段目の残余の

図10 ● **後円部二段目東南部の葺石の検出状況**
上方の葺石が欠失しているのは、地震の地滑りのため。右端の葺石裾部に暗渠排水溝の排水口がみえ、その延長線上には墳丘内に埋設された排水溝の石組みが壊れて露出している。

部分や後円部三段目の墳頂部周縁についても同様であったと思われる。また南造出の東側の谷部からは、六世紀ではめずらしい肋木《ろくぼく》を付した復古調の大形の蓋形《きぬがさ》埴輪（図11）が二点出土し、新池《しんいけ》遺跡一八号窯でも類品が検出されている。

濠と堤

内濠　外形は盾形で、水際を囲繞《いじょう》する護岸列石を確認した。列石は墳丘側、内堤側とも水際レベルに高低差約一メートルの範囲に、およそ一七〜一九度の傾斜角で設定され、設置にあたっては、墳丘や内堤の裾の斜面より傾斜をややゆるくして石の滑り出しを防ぐ工夫がみられた。とくに列石が滑りやすい前方部の両角部では、約一五度といっそうの緩斜面とし、波による列石の洗掘を緩衝する工法がとられていた。寺院建築の屋根にみられる隅角部の軒反りのような形状といえば理解しやすいかもしれない。石材は墳丘と同様の川原石で、大きさは径二〇〜八〇センチとばらつきがあるが、大半は三〇〜五〇センチにおさまり、それぞれを適宜に用いていた。

濠の深さは前方部側で約一・四メートル、後円部側で約二メートルとなり、濠底は東側がやや低くなるが、長さ二〇〇メートルの間隔で高低差〇・六メートルの底面は、ほぼ水平に掘削されたというのが現場での感覚である。濠の堆積土は大きく三層に分かれ、下層からは濠の掘

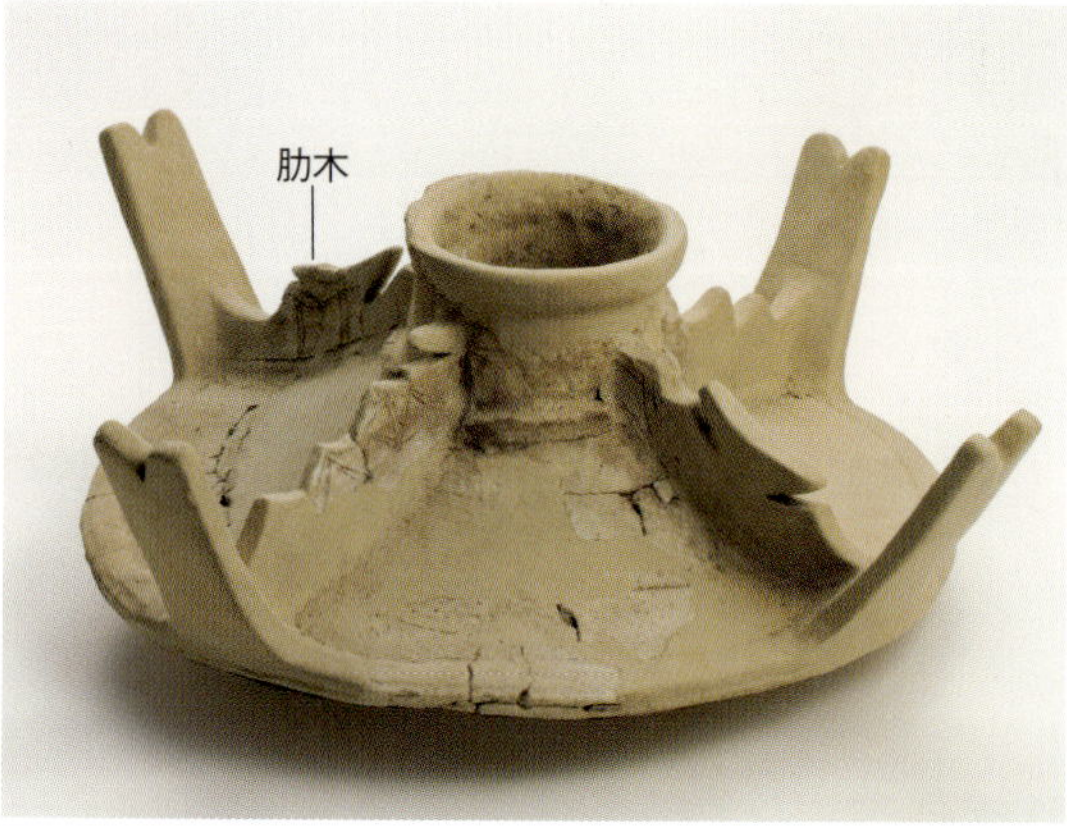

図 11 ●**蓋形埴輪**（笠部の復元直径 57 cm）
今城塚南側造出出土の肋木を付した蓋の笠部。

削に際して使用された木製の鋤《すき》、掛矢《かけや》（図12）、杭、墳丘から滑落してきた埴輪片、中層からは大量のドングリや倒木、上層からは一三世紀はじめ頃の瓦器椀《がきわん》とともに菱《ひし》の種子などがみつかった。築造時の様子とともに、古墳の完成後、しだいに管理がゆき届かなくなり、濠が埋没してゆく状況も垣間みえた。また内濠の各所で、伏見地震によって滑落した墳丘土の大きな土塊や大きく褶曲《しゅうきょく》した崩落土（図

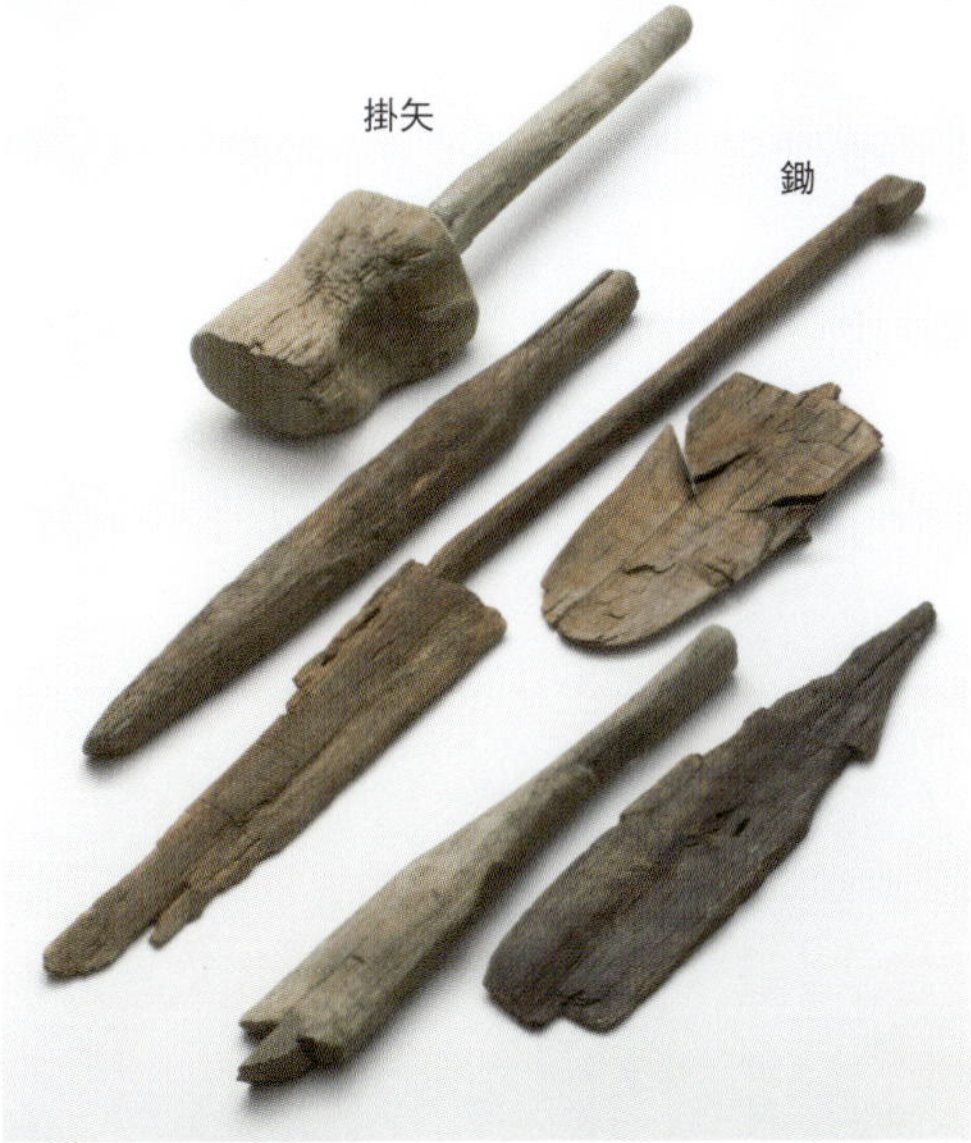

図 12 ● 鋤・掛矢など
いずれも使用した痕跡が顕著で、多くは破損したため濠底に遺棄したとみられる。比較的まとまって出土したことから、とりまとめたうえで据えおいた可能性もある。

図 13 ● 内濠に滑落した墳丘土
縞状に積み上げられた墳丘土が固結した巨大なひとかたまりの土塊（大きなもので約 10 ㎥）となって、すべり落ちていた。下半に堆積した黒灰色の土層は、滞水していた時期に沈殿した泥土。

4・13）など、想像を絶する驚愕の状況が観察された。ちなみに、濠が埋まっている部分についてレーダー探査を実施したが、渡り土手のような遺構は認められなかった。

内堤　内濠の外形と同様の盾形で、幅二五〜三二メートルの規模で全周していた。構築の方法はおおむね下半を地山の削りだし、上方の高さ一・五メートル前後を礫土や砂質土などの盛土で形成していた。内堤の上面は西から東にかけてゆるく傾斜しており、標高二八・一メートルの西北部が最高所、標高二五・四メートルの南東部がもっとも低くなっている。したがって内濠水面からの高さも五・一メートルから二・四メートルと大きな開きが生じることとなり、内堤からの見えがかりとしては前方部前面の内濠がもっとも深くて雄大に映る。

内堤の埴輪列は、外縁と内縁に沿ってほぼ隙間なく配置されていた。外側列は高さ約一二〇センチ、底径約四〇センチの円筒類、内側列はそれよりやや小ぶりの円筒類を用い、全体を二重に囲繞している。内側列の西北コーナーにはピンポイントで朝顔形を配置し、要所でのアクセントないし割付の基準としていた（図14）。とくに内側の埴輪配列で興味深かったのは、設置のためにあける掘方がまるでイージーオーダーのように、個々の埴輪の大きさにあわせて、串団子状に連なっていたことだ。しかもその団子状の掘方は、平均で七・八個分がほぼ一直線にあけられていて、現地に配付された埴輪を作業単位ごとに据え付けていったことがうかがえ

図14●内堤の内側埴輪列西北コーナーの朝顔形埴輪
（高さ129 cm）
今城塚で全形が復元できた唯一の朝顔形埴輪。

た。外側と内側の埴輪列の間は、各所の調査所見から一様に空閑地となっていたと考えられる。
内堤にかかわって特筆しなければならないのが、北側中央部の外側に付設された幅約一〇メートル、長さ約六五メートルの長大な張出である。付設とした理由は、いったん仕上げた内堤の斜面をあらたに匙面《さじめん》状に削り込んで造成していることと、その造成土が内堤盛土とはまったく異なる均質な砂質土や粘質土を主体としていることによる。要するに、張出は古墳をいったん完成させたあとで内堤の外側に、しかも外濠の埋立てまでして後づけされた特段の施設であったということだ。そこは、後述するように、殯《もがり》の期間があけた後の遺体埋葬時に、大量の形象埴輪を整然と立て並べ、祭式を大いに演出する舞台となる（図15）。

外濠　深さ約〇・七～一二メートルの浅い空濠であった。古墳の規模からすると違和感があるが、濠底を傾斜させた空濠にすることにより、内堤上面の傾きとの見た目の整合性をはかったものと考えられる。同時に外濠の外側の裾ラインを引き通すことにより、外堤となる周辺の地形の傾きや起伏に対して、古墳の外縁を際立たせる効果をねらったものと思

図 15 ● **張出の埴輪祭祀場における埴輪出土状況**
人物埴輪の器台部のかたわらに倒れ込んだ状態でみつかったいくつもの「巫女」形の埴輪など。

われる。ただし、空濠といえども、内濠幅と整合性をもつ広大な外濠は、大王墓の威厳を誇示するうえで必要かつ充分な装置でもあった。

外堤　外濠の外周縁を形成するわけだが、今城塚周辺の地形の西端と東端と高低差を考えると、完全な周堤とみるよりは、外周の低い東半分は部分的に堤状の構造物をすりつけ、西半分は帯状の空閑地を確保する程度であったと思われる。なお外堤に埴輪を設置した痕跡は確認されていない。

3　墳丘内の特段の施設

「墳丘内石積み」と排水溝

墳丘内の石積みは、小形の横穴式石室墳の盛土内に石室を囲い込むように構築される石積みの名称として頻用されてきたが、今城塚のような巨大古墳ではまったく想定されておらず、はじめての確認例となった。

検出した範囲は後円部二段目の東部墳丘内で、中心部の盛土を包み込むように構築されていた（図16）。上部は地震の地滑りのため損なわれているが、裾から約一・三メートルの高さまでは確認されている。石積み角度は裾部近くで約四〇度、上にいくにしたがい曲線を描くようにゆるくなっていた。石材は葺石と同様の川原石で、径二〇〜三〇センチのものを多用していた。

墳丘内石積みの裾部には約五メートル間隔で、先端をやや深く突出させた部分がいくつも設けられ、そこに平板な石材を使用した四面貼りの暗渠排水溝を放射状にとり付けていた。

排水溝の仕組み

排水溝の受水部の構造は、石積み裾の先端突出部を挿入するように石を詰め、集水の仕掛けとしていた。排水溝の規模は多少のばらつきがあり、大きい部類では内寸の幅、高さとも二五～三〇センチである。当該の排水溝は墳丘斜面方向へ約四・五メートルにわたって緩傾斜で墳丘内部を貫き、その後、二段目の葺石裾部にある排水口に向かって約二〇度の傾斜でつながり、総延長は約一五メートルである（図17）。排水溝の内面には長年にわたって、鉄分を含む水が流れていたため、赤

図16 ● 墳丘内石積みの検出状況（北側から）
調査区の奥側の石積みは伏見地震で崩れている。石積みの裾から直線状にのびているのが、暗渠排水溝。

茶けた酸化鉄が沈着し、確実に機能していたことがうかがえた。

墳丘内石積みと複数の排水溝とを組み合わせた遺構は、墳丘内に浸透してきた雨水を強制的に排水するための特段の設備であり、造形的には「墳丘内に雨傘を広げたような施設」といった表現が適切だ。大形古墳の墳丘内石積みの技術系譜の検討はまだ緒についたばかりだが、今城塚に先行する河内・峯ケ塚《みねがつか》古墳（大阪府羽曳野市、六世紀初頭）でみつかった「後円部墳丘南斜面の閉塞石」とされた遺構については、この墳丘内石積みが露出した可能性が高いと考える。また暗渠《あんきょ》排水溝については、伊予・三島神社《みしまじんじゃ》古墳（愛媛県松山市、六世紀前半）、山城・物集《もず》女車塚《めくるまづか》古墳（京都府向日市、六世紀前半）、大和・植山《うえやま》古墳（奈良県橿原市、六世紀末）など、多くの横穴式石室に敷設された排水溝と同様の仕様であり、違いは石室（空間）内の排水か墳丘（盛土）内の排水かである。とくに三島神社古墳の事例が今城塚にさきだつことから、今城塚の墳丘内排水溝は石室内排水溝を応用した可能性が高い。

図 17 ● **暗渠排水溝**
墳丘内に埋設された四面貼りの排水溝。
奥にみえるのが墳丘内石積み。

４　埋葬施設の状況

石室基盤工の発見

今城塚古墳では調査の途上において、思いもかけない伏見地震による墳丘の大規模罹災の判明とともに、内堤張出で検出した形象埴輪群への対応が調査の基底となるなかで、埋葬施設の把握が一向に進まず、古墳の学術調査としては画竜点睛《がりょうてんせい》を欠く状況にあった。そこで、埋葬施設の解明を期して、後円部北半の滑落崖の下部で追加の一〇次調査を敢行することとした。

調査開始後しばらくして、東西一七・七メートル、南北（現存幅）一一・二メートルの規模のＬ字状の石組を外縁部とし、その内側に石敷を配した特異な遺構を検出した（図18）。石組はブロック状の直方体の石材（おもに花崗岩）を縦横の目地を通すように整然と重ねた、いわゆる布積み状に数段分（最高部で約〇・八メートル）積み上げていた。石組としての機能は異なるものの、峯ヶ塚古墳の石槨の壁体構造に似る。石敷は径二〇〜四〇センチほどの川原石を敷きこみ、ところどころに板石を列状に積み上げた地中梁《はり》のような石列があり、相当な重圧により上部の石の一部は割れていた。石敷の間からは金銅製馬具、龍文銀象嵌《りゅうもんぎんぞうがん》の装飾のある刀、鉄鏃《てつぞく》、甲冑《かっちゅう》などの小片、濃青、青、赤、黄、緑の多彩なガラス玉などの副葬品（図19）のほか、石棺材である凝灰岩の破片が散乱していた。こうした状況を踏まえると、石組遺構は石室の直下に敷設された基礎地業《ちぎょう》とみるのが妥当と判断され、石室基盤工と名づけた。現在の墳頂部にはこの基盤工の南側の残存部分がのこっており、全体を方形として復元すると二六〇平方メー

図 18 ● **東側からみた石室基盤工（上）とそのディテール（下）**
伏見地震により約４ｍの落差を滑落したにもかかわらず、原形復元が可能な状態で検出されたのは、墳丘土内に頑丈にパックされ、もろともに落ち込んだから。

トルにもなる。石室を下支えする基盤工は山城・五ヶ庄二子塚《ごかしょうふたごづか》古墳（京都府宇治市、六世紀前半）、大和・市尾墓山《いちおはかやま》古墳（奈良県高取町、六世紀初頭）での石詰めした地業の例があるが、今城塚ほど広大かつ精美な矩形を呈するものは知られていない。

石室の様式

石室そのものと石室を埋設していた三段目の盛土については、一二八八年（正応元）の「島上陵」の盗掘記録や一六世紀の整地層が滑落した基盤工の直上をおおっていた状況から、伏見地震以前の段階で、すでに失われていた可能性が高い。基盤工の巨大さや後述する家形石棺の大きさから、石室は相当大規模なものと想定されるが、石材の形状や積み方などの具体像を描くことはできない。

　様式的には長大な玄室に羨道を備えた畿内型横穴式石室と考えられる。開口部については、図上復元した基盤工が後円部の中心部からやや東に偏ることと基盤工の軸線の方向性から、墳

図 19 ●副葬品
上：ガラス玉、碧玉製管玉、滑石製小玉など
下：金銅製品

丘中軸線に沿って東向き、すなわち後円部の背後に向かって羨道がとり付けられていたものと思われる。現墳頂部にのこされている石室用材とみられる直方体の花崗岩の規模（長さ約一・一メートル）からすると、石室はやや小ぶりの石材を整然と組み上げた古相のタイプと判断される。時期的には市尾墓山古墳よりは新しく、物集女車塚古墳にやや先行する位置づけのなかで、摂津・勝福寺《しょうふくじ》古墳（兵庫県川西市、六世紀前半）に近似した右片袖式の石室をイメージしておこう（図20）。

三基の石棺

後円部とその周辺の調査区からはバラバラになった凝灰岩の破片が数百点出土し、それらはおよそ熊本産馬門《まかど》石（ピンク石）、兵庫高砂《たかさご》産竜山《たつやま》石、大阪二上山《にじょうさん》産白石《しろいし》の三種の石棺材として集約される。部材の厚みや形状から、いずれも大形の家形石棺とみられ、馬門石と白石の内面には朱を塗布していた。

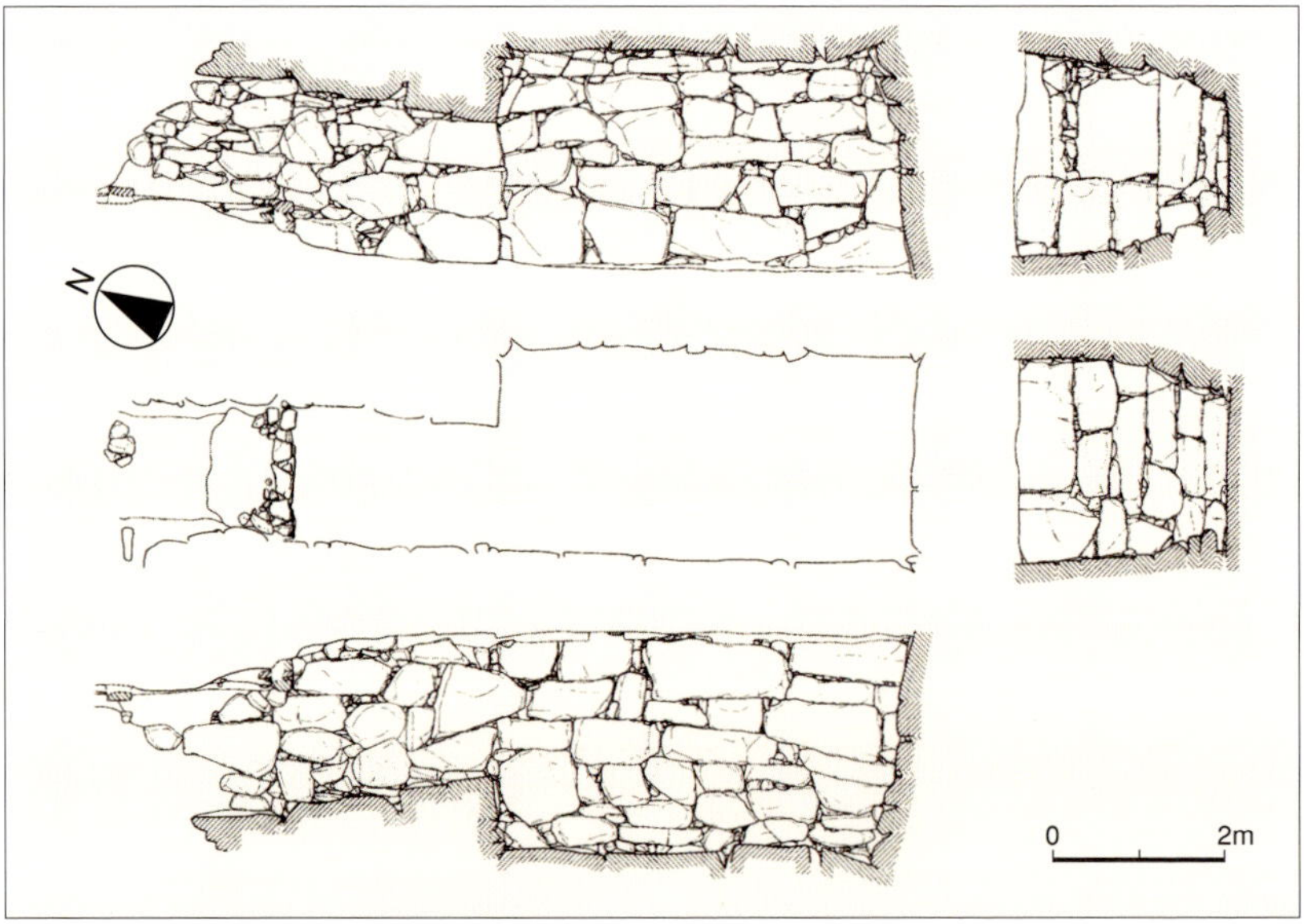

図 20 ● 勝福寺古墳の横穴式石室
今城塚では復元石棺の大きさから、石室の内寸はかなりの規模になると思われる。ただし、3 基の石棺の納め方等については、いまだに霧のなかである。

三棺の復元にあたっては、それぞれの産地で原石を入手して製作した（図21）。馬門石製石棺は大和・東乗鞍《ひがしのりくら》古墳（奈良県天理市、六世紀前半）と近江・円山《まるやま》古墳、甲山《かぶとやま》古墳（滋賀県野洲市、六世紀前半）の事例の中間的な形式とし、印籠蓋《いんろうぶた》・刳抜式《くりぬきしき》で長側辺に二対四個の縄掛け突起をしつらえた。竜山石製石棺は摂津・耳原《みのはら》古墳（大阪府茨木市、七世紀初頭）の奥棺を形式的に遡及させ、平蓋・刳抜式で長側辺に二対四個、短側辺に一対の縄掛け突起をつくりだし、また白石製石棺は摂津・南塚《みなみつか》古墳（大阪府茨木市、六世紀前半）の奥棺を参考に平蓋形式の平石を用いた組合式とし、縄掛け突起はないと推定した。

このうち情報量の多い馬門石製石棺は長さ二六〇センチ、幅一三〇センチ、総高一四六センチの規模で復元し、重さは身が四・五トン、蓋が二・三トンと推定される。竜山石製はさらに一回り大きく、白石製はやや小ぶりに復元した。

馬門石製石棺への思い

一九九六年の今城塚の測量調査の

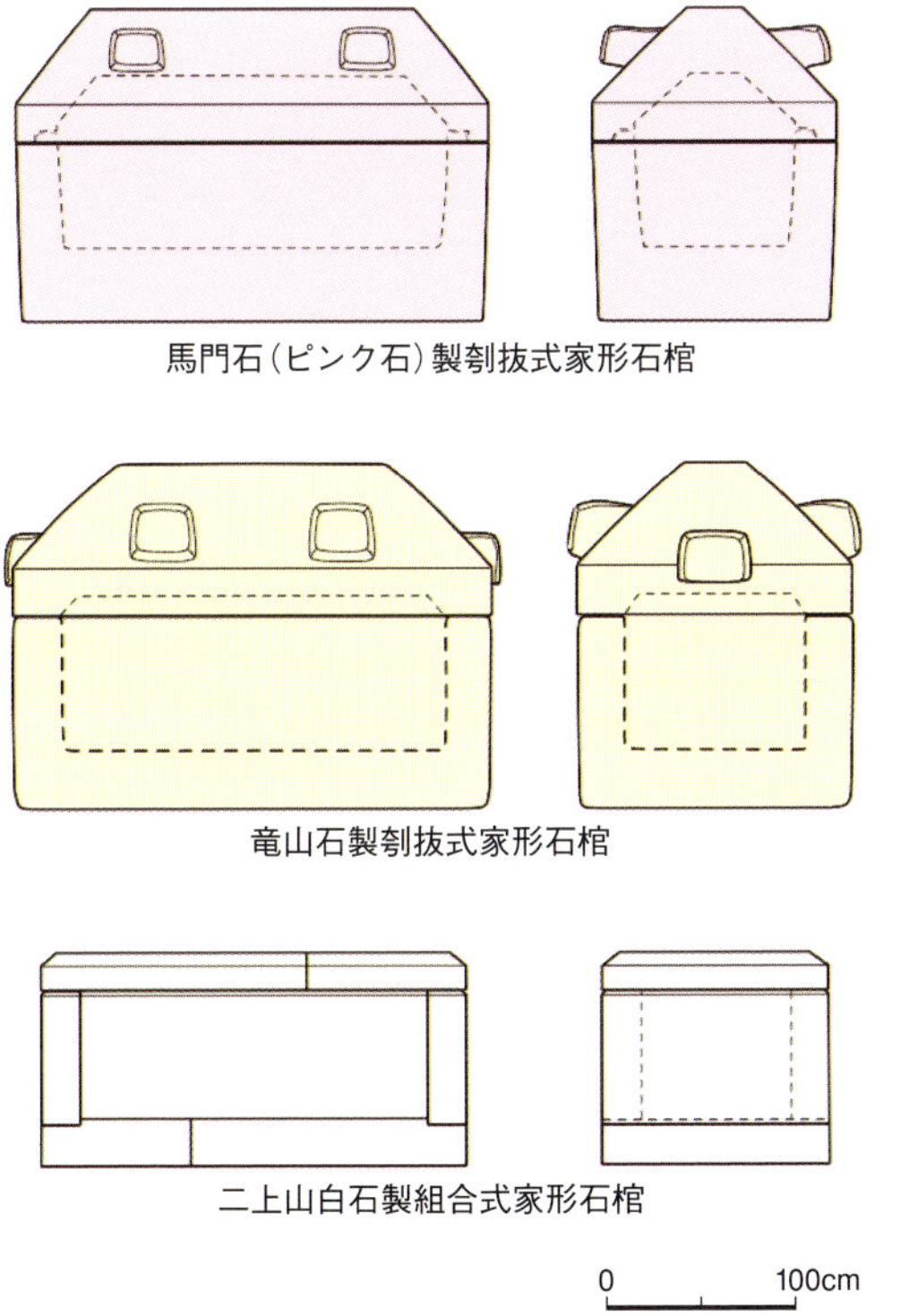

図21 ● 3基の石棺の想定図
出土した各石棺材から復元される石棺の規模は竜山石製が最大で、ついで馬門石製、二上山白石製となる。

さなか、後円部の現墳頂で石棺材との見当がつく淡い赤灰色の凝灰岩を採取、翌年からはじまる確認調査で追究すべき重要なテーマのひとつとなった。実際に調査にはいると、他の二種の石材とともに、大小の赤い石片が陸続と検出されるにおよび、破砕された石棺との思いがふくらんできた。その後、熊本県宇土《うと》市の石切場（図22）も見学し、ついには馬門石の搬入を確信したわけだが、意外にも馬門石製石棺は地元の九州に類例がなく、備前・築山《つきやま》古墳（岡山県長船市、五世紀末）の一点を除いては、河内二例、摂津二例、大和七例、近江二例で、近畿地方での出土が圧倒的に多いという、特異な石棺だった。

図23はそのなかの畿内地域における分布を示したもので、六世紀末の植山古墳例を除き、いずれも五世紀末から六世紀前半の資料である。これらは、おおよそ小形で細身のものが竪穴式石槨、大形で直方体のものが横穴式石室に納められていて、いずれも蓋の長辺側に縄掛け突起を有した家形石棺である。したがって、両者の様相の違いは製作時期の新古を反映した形式差と理解する。

遠く九州の宇土から有明海・玄界灘・瀬戸内海を通じて運ばれてきた馬門石製石棺は、どこで陸揚げされたのかについては、河内の二例と四天王寺石棺は淀川河口の港津、今城塚古墳は淀川右岸の河港、近江の円山・甲山の二古墳の石棺も、途中で難所があるものの、淀川・琵琶湖の水運を利用したことは確かだろう。もっとも類例の多い大和の諸例は、いずれも奈良盆地の東辺部ないし南東部に偏っていることから、淀川・木津川を舟運して泉津《いずみつ》（木津《きづ》）で上陸、山辺道の原道とでもいうべきルートを南下した蓋然性が高い。植山古墳では東石室の前庭部から鑿《のみ》で削《はつ》った多くの剝片がみつかっていて、その場で石棺を仕上げたことが判明している。おそらく他の石棺についても、粗仕上げの状態で搬入されたと考えられる。今回の今城塚の復元石棺の製作にあたっても、古墳時代と同様に、石材の良否の確認と重量の軽減のため石切場で粗仕上げをおこない、古墳のかたわらで整形し完成させた。

図22 ●馬門石石切場（上）**と竜山石石切場**（下）
馬門石石切場は江戸時代に宇土藩によって大量の石材が切り出され、水路、敷石、井戸枠などに利用されている。今回の刳抜式石棺の採掘では、地下４ｍまで機械掘削して、ようやく良質な石材が得られた。竜山石石切場はきわめて大規模であり、現在もなお、商業ベースで採掘がつづけられている。

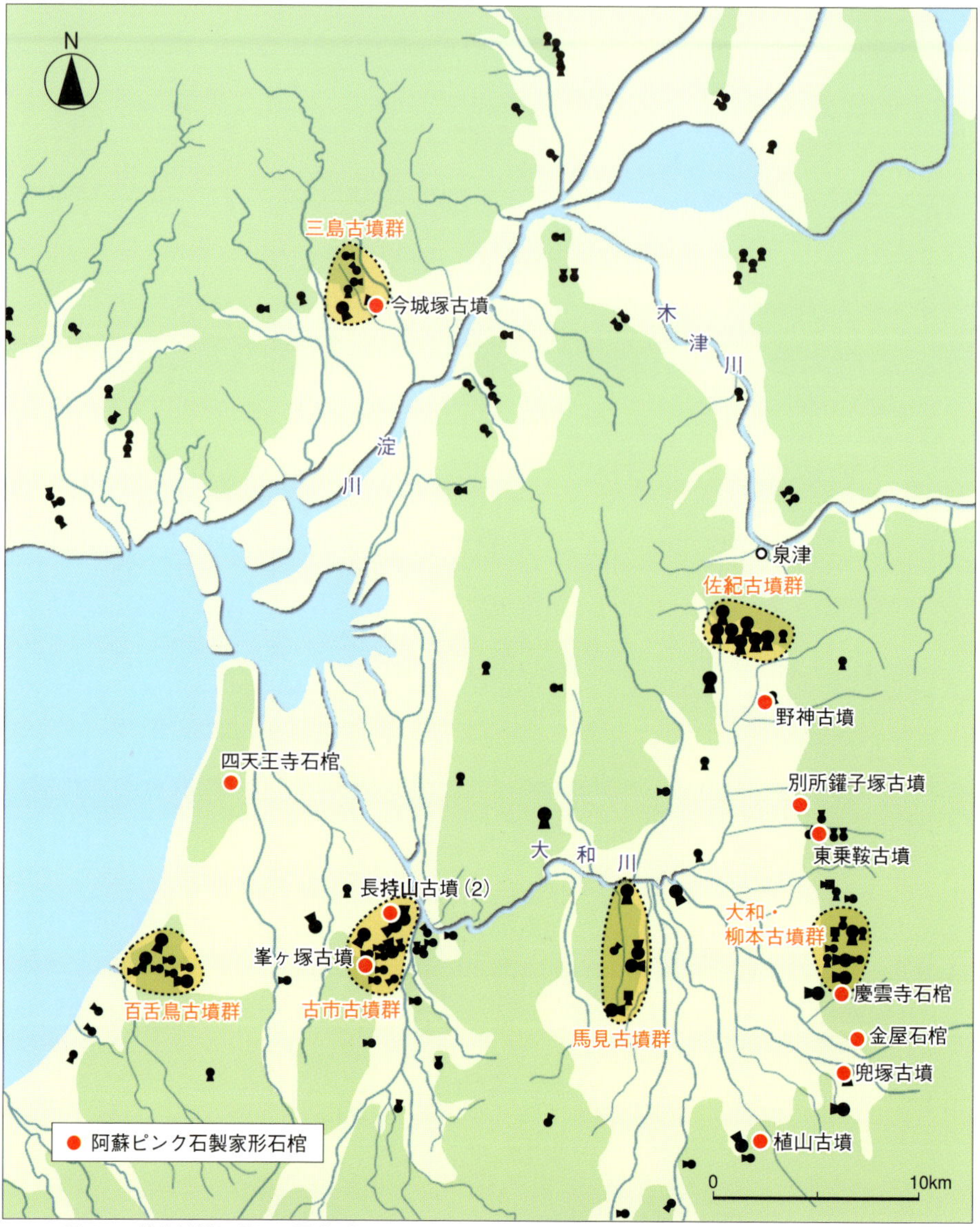

図 23 ● 畿内地域における阿蘇ピンク石（馬門石）**製家形石棺の分布**
当初、古市古墳群や四天王寺石棺に搬入された石棺が、野神古墳の事例以降、淀川・木津川水系を遡上し、大和に搬入されたことがうかがえる。この新規のルートは、今城塚古墳のほか、近江の円山古墳、甲山古墳、さらには大和の植山古墳の造営時期まで堅持された。

謎の石塊

北側の内堤中央部分で、長辺一〇八センチ、短辺九八センチ、厚さ四五センチの不整形な二上山産の白色凝灰岩が偶然みつかった。発見した当初は、「こんなところから石棺が」と大騒ぎになったが、検出するうちに「どうも石棺ではなさそうだ」ということになった。それでも石棺材と同じ凝灰岩であるのは間違いなく、物集女車塚古墳では石室内で出土した石棚《いしだな》や梱石《しきみいし》、石枕《いしまくら》などの用材、あるいは大和・牽牛子塚《けんごしづか》古墳（奈良県明日香村、七世紀後半）では敷石としても使われており、その用途については今後の課題としてのこる。

検出時の観察では、石塊は穴を掘って埋められていること、一部の面に中世ないし近世とみられる新しい鑿《はつ》の削り痕跡が観察されることから、伏見地震によって露出ないし墳丘から滑落してきた石塊を内堤に曳き上げたものの、どうしようもなくなって穴に埋め、遺棄したものと推量する。それはまだ地元で今城塚に対して畏敬の念を抱いていた一八世紀段階までの仕業と考えられる。

図24 ● 謎の石塊
手前側面にみられる粗い削り痕は、この場でついたとみられ、手前の穴のなかにはそのときの剝片が一緒に埋められていた。

第4章　殯宮儀礼をうつす埴輪祭祀場

1　日本の兵馬俑

内堤北側張出での埴輪祭祀場の発見と検証は、一〇年にわたる今城塚の発掘のなかで、もっとも熱い調査となった。日本の兵馬俑《へいばよう》とも評された、前代未聞の二〇〇体を超える形象埴輪の群像もさることながら、その一体、一体がじつにしっかり丁寧につくられていて、工芸品としても充分、鑑賞できるほどだ。二〇〇一年の発見以来、埴輪は連綿と復元されているが、一五〇〇年の時の経過のなかで風化も進み、また伏見地震による張出部自体の損傷・流失により散逸した部分も多く、接合作業は困難をきわめた。それでも地道な作業の積み重ねにより、未知の資料がひとつ、またひとつと再生されていく長い道のりは、今城塚古墳の真理を追究するうえでは避けて通ることはできない、とても大切な時間であった。

埴輪祭祀場の枠組み

東西に細長く付設された約六五〇平方メートルの張出には、南北方向に平行に設置した直線的な五つの塀によって四つの方形区画がビジュアル的に表現されていた（図29）。このような王権の表徴ともいえる方格原理にもとづく埴輪祭祀場は、まだ全国でも知られていない前代未聞の遺構である。便宜上、東から順に一・二・三・四区とし、塀も東側から塀1・2・3・4・5と付番した。塀2・3・4には山形突起をもつ天板と円柱、地覆《じふく》を組み合わせた出入口（門）をしつらえていた。各区画の東西幅はおよそ一区が一〇・五メートル、二区が七・五メートル、三区が一〇・六メートルで、四区についてはあらたに認定できた塀5の推定位置から約二三・五メートルとなる。各区画の南側辺と北側辺は塀を設けず、埴輪群像は古墳の外辺から直接見通せたと思われる。

塀形埴輪の提唱

祭祀場の各塀は、以前にわたしが分類した「長方形の柵形埴輪（長方形Ⅱa式）」を連接して構成されているが、今回、二〇〇九・一〇年の大和・秋津《あきつ》遺跡（奈良県御所市、四世紀後半）の方形区画施設の調査成果を踏まえ、柵形埴輪の分類と系統のあり方を見直すことにした。すなわち、大和・櫛山《くしやま》古墳（奈良県天理市、四世紀末）例（図25）を嚆矢《こうし》に派生・

図25 ● 櫛山古墳の柵形埴輪Ⅰa類
上縁にみられる切り込みの深い豪快な山形突起と側面の鰭（ひれ）はⅠa類に限られる。その後の柵形埴輪の山形突起は一様に低く鋸歯状となる。

宝塚１号墳の塀形埴輪Ｉａ類

御廟山古墳の塀形埴輪Ｉｂ類

図 26 ● **塀形埴輪**
塀形埴輪Ｉ類の多くは山形突起をもつが、上縁の形状が確認できる御廟山古墳の事例のように平板なものもあり、山形突起が必ずしも要件とはなっていない。

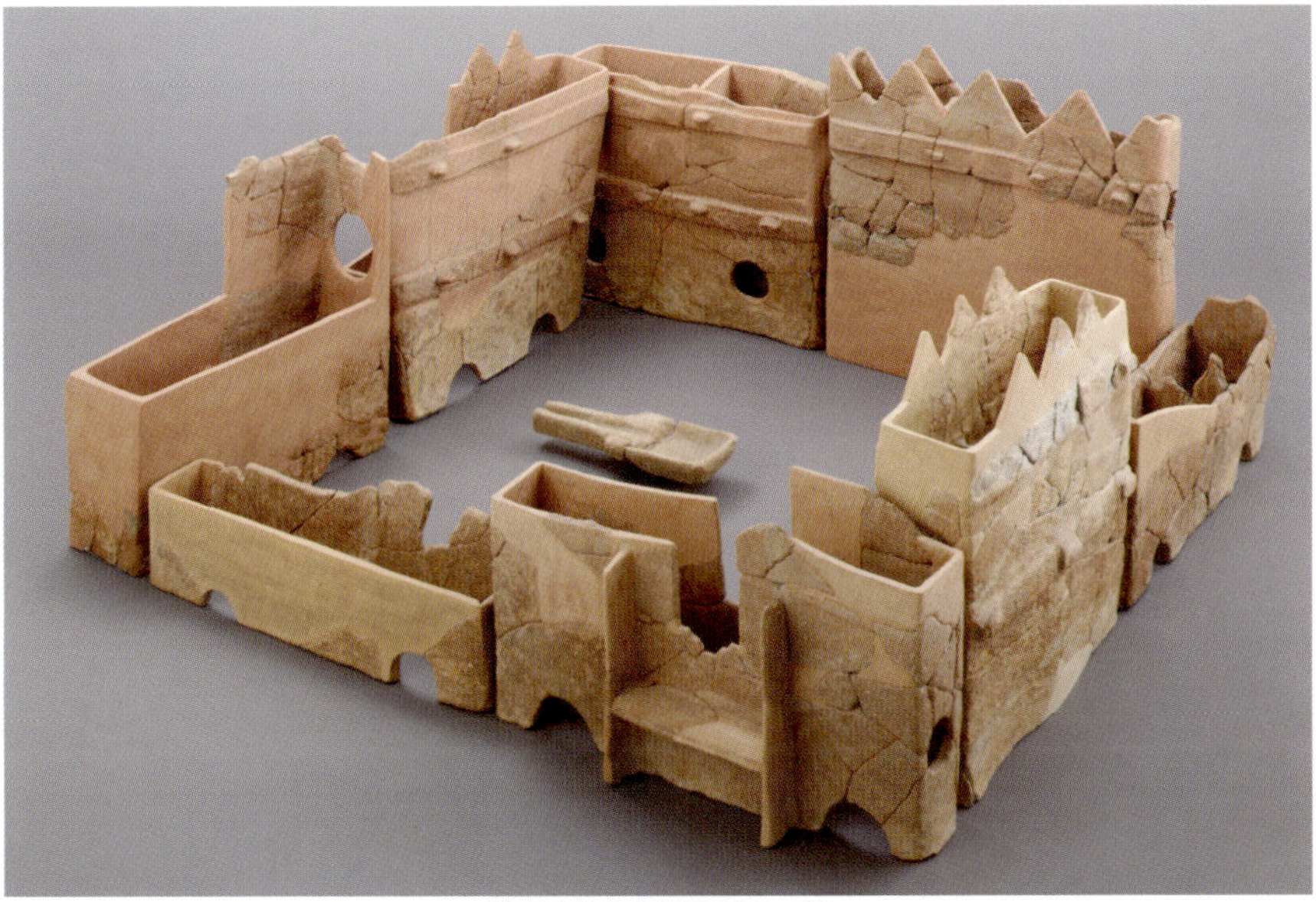

狼塚古墳の塀形埴輪Ⅱａ類

今城塚古墳の塀形埴輪Ⅱｂ類

形式	おもな古墳・遺跡名
Ⅰａ	行者塚１（播磨）、宝塚１号１（伊勢）
Ⅰｂ	赤堀茶臼山（上野）、経ケ峰１号（三河）、巣山・赤土山（大和）、心合寺山（河内）、御廟山（和泉）、行者塚２（播磨）、宝塚１号２（伊勢）、車駕之古址（紀伊）
Ⅱａ	狼塚、鞍塚、長屋１・２号、土師里埴輪窯（いずれも河内）
Ⅱｂ	今城塚（摂津）

表２ ● 塀形埴輪の形式分類一覧
今城塚古墳の門形については上縁を復元していないが、その後の整理作業の進捗により山形突起をめぐらすことが確かめられている。

展開する「まばらに単立させる楕円筒形ないし円筒形」の柵形埴輪の名称はそのままに、従来の囲い形埴輪は、単に囲うという機能を曖昧に示したにすぎないことから、造形を直接表示できる塀形埴輪とするのが適切と考えた。同様に、「長方形の柵形埴輪」を連接させて機能させる河内・狼塚《おおかみづか》古墳（大阪府藤井寺市、五世紀中頃）や今城塚の事例なども、また塀とよぶのがふさわしいと判断した（図26）。

そこで伊勢・宝塚《たからづか》一号墳（三重県松阪市、五世紀初頭）や播磨・行者塚《ぎょうじゃづか》古墳（兵庫県加古川市、五世紀初頭）などにみられる「一体成形された囲い形埴輪」を塀形埴輪Ⅰ類、「組み合わせて使う（従前の）長方形の柵形埴輪」を塀形埴輪Ⅱ類とし、どちらの塀形埴輪も出入口を設けていることが要件となる。なお、Ⅰ類の出入口には平入りのⅠａ類と鉤の手になったⅠｂ類（さらに出入口の鉤の手の位置が右隅か左

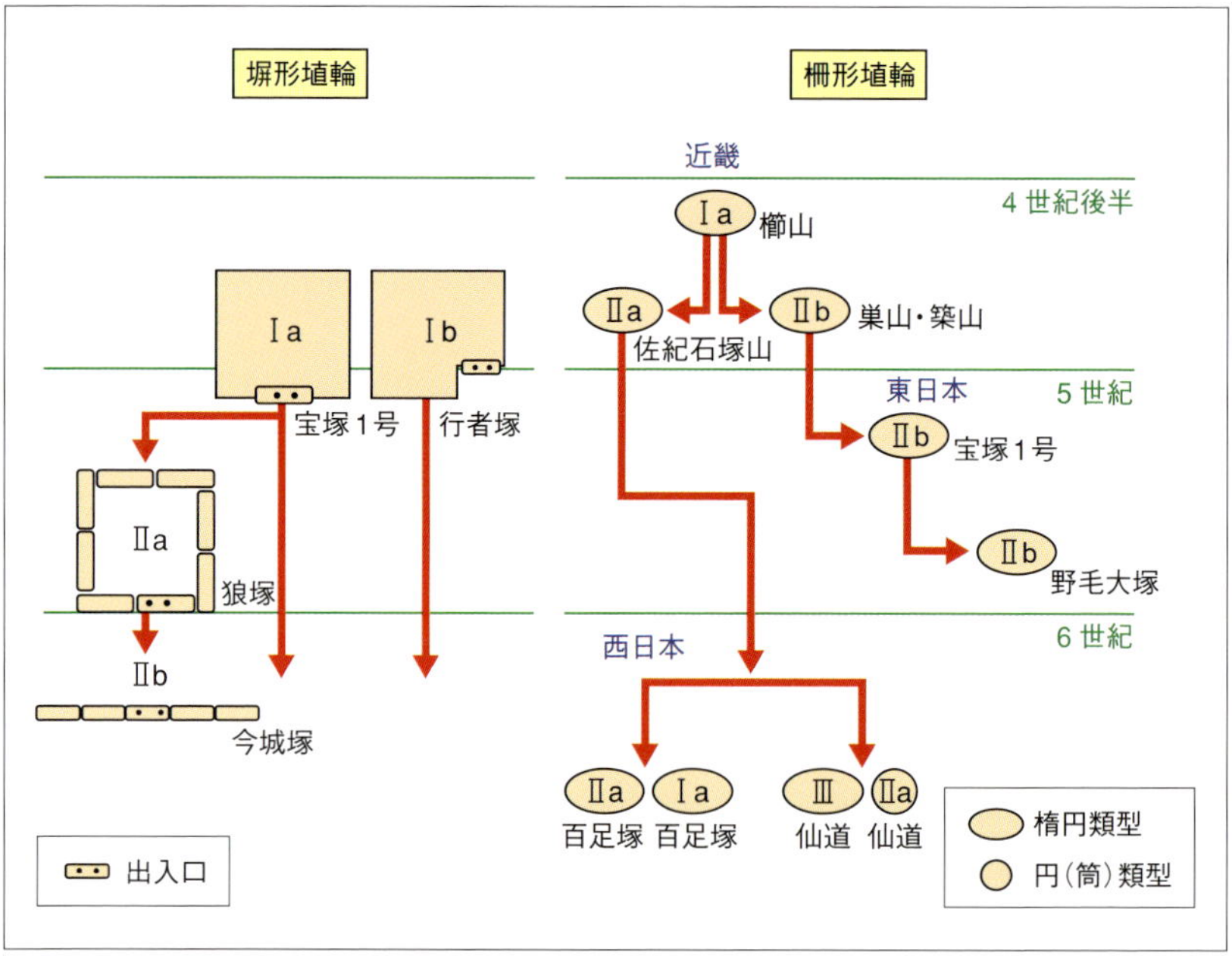

図 27 ● 塀形埴輪と柵形埴輪の分別と展開
森田 2004 で指摘した従前の柵形埴輪の系譜を見直し、あらたに設定した塀形埴輪の展開を明確に位置づけた。図中の古墳名は代表的なもの。

隅かによって二者に細分される）がある。最近、和泉・百舌鳥《もず》御廟山《ごびょうやま》古墳（大阪府堺市、五世紀後半）の造出の西側でみつかった塀形Ⅰb類の事例では、出入口に開閉可能な内開きの扉がとり付けられていた。後述する今城塚の埴輪祭祀場の塀4の宮門で検証された塀形Ⅱ類の扉（図29の凡例の扉付門）とも考えあわせると、塀形埴輪のあり方から再現される本来の塀は、一定空間を遮蔽する機能をより高めるために、出入口にときとして扉を設置していたことがうかがえる。さらにⅡ類は、狼塚例のように、Ⅰ類の形態を踏襲し方形に組み合わせて使用するⅡa類、今城塚例のように直列で用いるⅡb類に細分できる。

図27に塀形埴輪と柵形埴輪を明確に分け、それぞれの変遷観を掲げた。また表2には、塀形埴輪が出土している代表的な古墳を集成している。

ちなみに、春日大社の本殿や社殿を画す瑞垣《みずがき》は先端を山形に尖らせた縦板を連接して並べ、それらを横桟で留め、さらに要所に柱を立て全体をつなぎとめたもので（図28）、秋津遺跡の方形区画施設の復元した塀を彷彿とさせる。実際の塀を忠実に映したものとして、一定の間隔でヘラ描きされた縦板を表現した紀伊・車《しゃ》駕之古址《かのこし》古墳（和歌山市、五世紀後半）の塀形Ⅰ類の資料が顕著な事例としてあげられる。それに対して、前・後面のみに上下の横桟を貼付した塀形Ⅱa類の狼

図28 ●『春日権現霊験記』巻十
（模本、部分）
塀形埴輪の要件である出入口を鳥居で表現するのは、神社建築の様式をとり入れた後世の仕様。

塚やⅡb類の今城塚などの塀形埴輪は、連接してはじめて塀として機能するパーツとして造形されたものであり、組み合わせ式埴輪の側面もあわせもつ。

2　埴輪祭祀場の読み解き

改訂版殯宮説

寿墓として築造されたであろう今城塚古墳は、被葬者の意思として造営地が定められたが、内堤に付設された張出は古墳完成後に造成していたことが明らかになっている。二〇〇体を超える埴輪の製作と設置も、張出の造成工事と並行して急遽対応したと考えられ、そのことを演出し、実行に移したのは、けっして今城塚に埋葬された人ではなく、彼の権力を継承した人物にほかならない。

全国の古墳、とりわけ大形古墳において、これほど明確な形で埴輪祭祀場が後づけされたことを示す事例はほかに知らない。わたしはこの事実をひとつの根拠に、全体の埴輪の出土状況を踏まえ、埴輪祭祀場の読み解きについて、殯宮《もがりのみや》儀礼を映したものと見定めてきた。

図29の右図は配置された埴輪群の大要を示したもので、これまでに公表してきた内容に、その後の埴輪の復元状況などの最新の知見を加味した改訂版であり、左側には従前の殯宮儀礼説を改訂、補強した指図を示した。

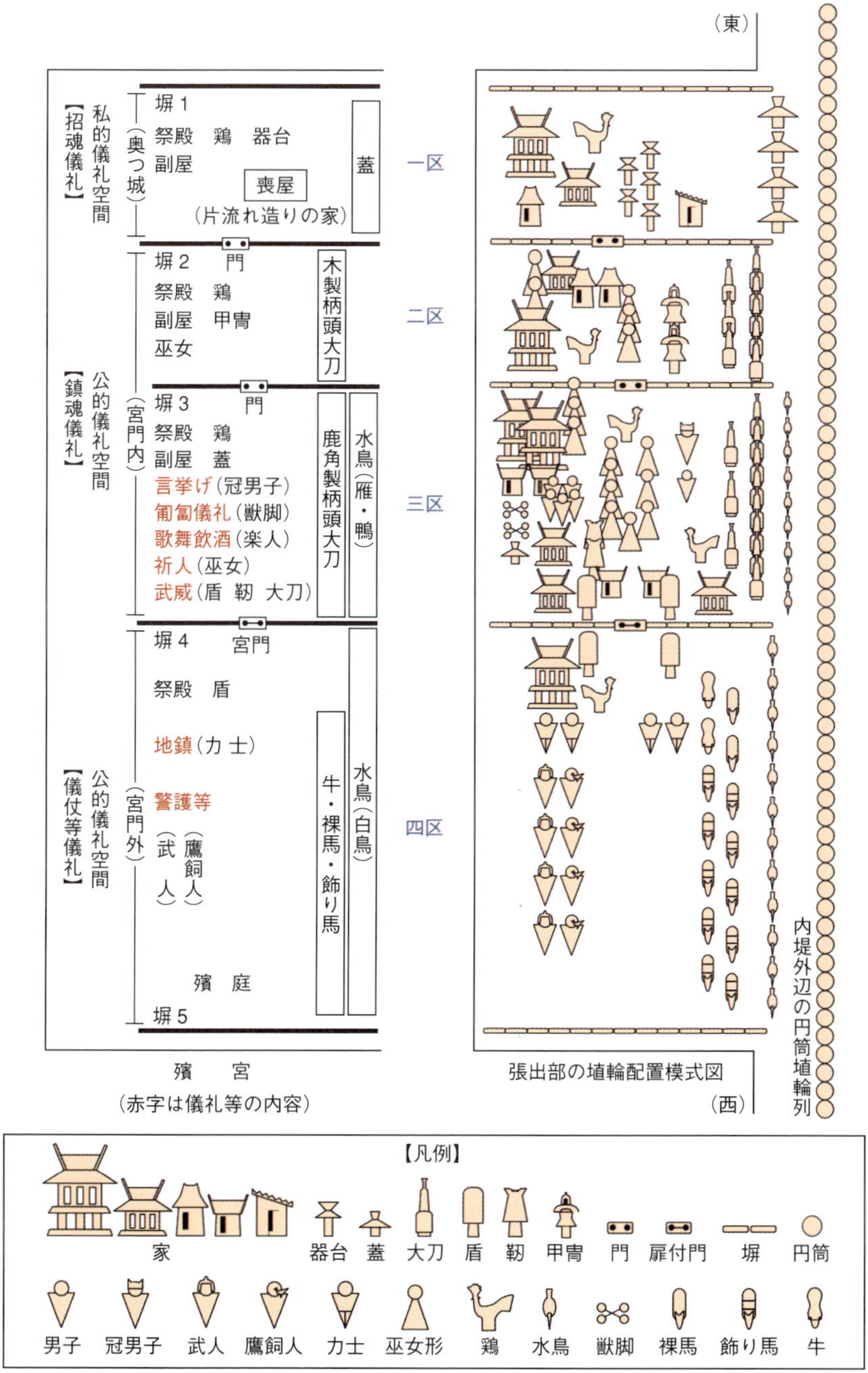

図 29 ● 内堤張出部における埴輪祭祀場の復元
植輪の復元がすすんだため、森田 2003 の図を大幅に充実・改訂した。全体を殯宮儀礼の再現とみる根幹の部分については、各区の機能や役割がさらに明確になった。

史料にみる殯宮の様相

殯宮儀礼は、『魏志倭人伝』などの記述にあるような、人の死に際しての近親者による「喪主哭泣《こっきゅう》」や「歌舞飲酒」といった習俗としての殯儀礼ではなく、あくまでも大王権継承儀礼として王宮で実修されたものをさしている。そうした殯宮は『日本書紀』『続日本紀』に、「南庭」（推古・天武）や「宮北」（舒明）、「西殿」（持統）などに設けたとあり、崩御のあった王宮の一角ないし近傍に殯の場を設定して営んでいる（図30）。

殯宮の最奥部は亡骸を安置する喪屋《もや》（殯屋《もがりや》）を中心に、皇后や皇女などごく近親の女性がなげき悲しむ私的な儀礼空間とし、それに隣接して設営される公的な儀礼をおこなう場では、和風諡号《しごう》の献呈をはじめ、殯宮挽歌《ばんか》にも詠《うた》われている「匍匐《ほふく》儀礼」、敏達紀にみえる蘇我馬子《そがのうまこ》など大臣《おおおみ》・大連《おおむらじ》クラスの執政者たちがおこなう「誄《しのびごと》の奏上」などの言挙げの儀式、さらには歌舞飲酒が催された。また用明紀元年条には殯宮の「宮門」が明記され、塀柵類の存在もうかがえる。「宮門」の外側にあたる殯庭では舎人《とねり》らが居並び、殯宮の警護にあたるとともに、地鎮の祀りがおこなわれた。

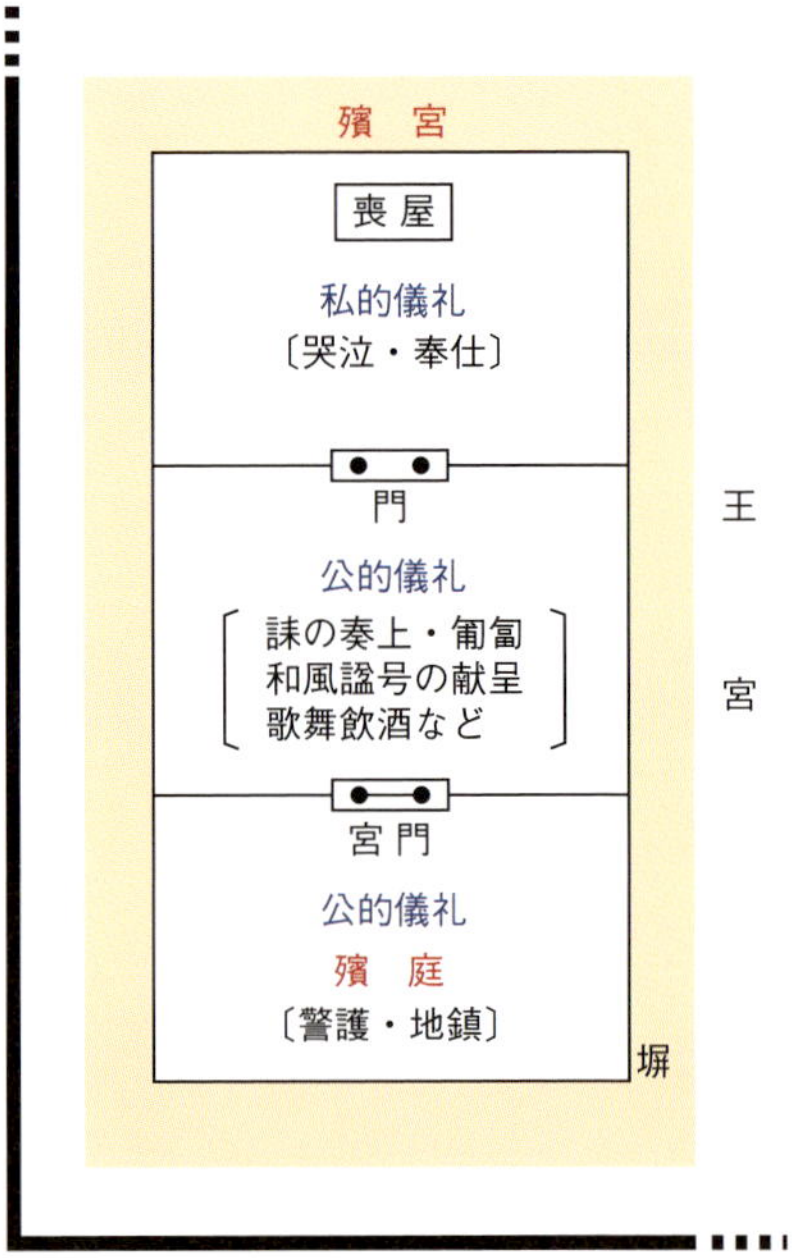

図 30 ● 殯宮の概念図
記紀の記述からイメージした 7 世紀代の殯宮の概念図。

同時性の証明

祭祀場の埴輪群を殯宮の表現とみる前提として、一区から四区の全体が同時性のある一場面であることを示す必要がある。

第一にとりあげるのは、四つの区画を規定する五つの塀の状況である。このうち外郭を規定する塀1とあらたに確認された最外辺の塀5には出入口がなく、逆に内側を仕切る各塀には以前から判明している塀3・4に加えて、今回塀2にも出入口が復元されたことにより、各区はまさに出入口を通じて一体性と同時性が確認されたといえよう。すなわち、塀1と5が殯宮の外辺を画す一方で、塀2・3・4によって区分けされた一区から四区は出入り口を通して有機的につながっているわけで、各区がそれぞれ個別の役割を果たすなかで、全体をひとつの場面として表現するという意図がきちっと読みとれるのである。

さらには、南側にある一連の大刀形列が塀3を貫き、二・三区にわたって等間隔で配列されて二つの区画の威儀を正していることも、二・三区のより強いつながりを示し、あわせて両区の同時性も補強する（図29）。

殯宮を再現した埴輪配列

一区では入母屋造りで吹き抜け構造の大形の家（口絵②）のほか、片流れ造りや寄棟造りの小形の家が数棟配置され、大形の家には一羽の鶏が寄り添い、片流れ造りの家の北側には器台（口絵④）が並ぶ。また一区の南辺には複数の蓋が配列されている。一区の西を限り、かつ二区との間を隔てる塀2には、塀の中心よりやや北寄りにかたよって出入口を設けている。扉戸の存否はわからない。一区は祭祀場全体の最奥部に位置することから、喪屋を配置した私的儀礼空間として機能していたと考えられる。喪屋では、遺骸につきそう肉親（もっぱら女性）がこもり、嘆き、哭泣する招魂儀礼をおこない、かたわらには持傾頭者《きさりもち》（食物を盛った器を持つ）、持箒者《ははきもち》（喪屋の掃除）、造綿者《わたつくり》（遺体を洗う）などの奉仕者が侍る。こうした役割を引き受ける喪屋は、けっして吹き抜けの大形家ではなく、一隅に入口をもうけ、小さな窓しかもたない片流れ造りの家（口絵③）がふさわしい。一区に人物を配置しないのは、喪屋でのこもりの情景を象徴しようとしたためか。また蓋列は奥津城の威儀を高めるねらいがあってのことだろう。

大刀形列に示される一体感の強い二・三区は、あわせて評価するのが適切である。まず二区には、入母屋造りで吹き抜けの大形の家を北西の一画に配置するのをはじめ、寄棟造りなどの六〜七棟の家に、二体の甲冑《かっちゅう》、単体の鶏と三体の「巫女《みこ》」形（口絵⑧）、そして南側に数多くの木《もく》製柄頭《せいつかがしら》タイプの大刀《たち》［盾付］（口絵⑥）を北側（もしくは祭祀場中央通路）に向けて並べている。西側の三区との境にある塀3の中央部分には扉戸をはめない出入口がしつらえてある。

三区では数棟の入母屋造りで吹き抜けの大形の家と数多くの切妻造りなどの家、二体ずつの蓋・盾・靫《ゆき》、一三体の「巫女」形、「二山冠」の冠帽男子と盛装男子、五体の楽人とみられる座位男子、特異な「獣脚」（図31）、鶏（口絵⑪）などが出土している。南側には二区からつづくかたちで鹿角製柄頭《ろっかくせいつかがしら》タイプの大刀［盾付］（口絵⑥）が配列されている。二・三区を貫通させてほぼ等間隔に並ぶ一連の大刀列でありながら、二区に格式の高い木製のタイプ、三区に鹿角製のタイプを限定配置しているのは、二つの区の格差を示すものとして興味深い。さらに三区のもっとも南側には雁鴨類の水鳥列がある。

西側の四区との間にある塀4の中央部には、内開きとの見通しをもつ扉をはめた宮門となる出入口が設けられている。東北部にある大形の家は全高一七〇センチと列島最大で、屋根の両端には破風板を交差させて成形した千木をリアルに表現し、身舎《もや》は吹き抜け様の壁立ち、基台部は円柱の総柱であった（口絵①）。また八脚、二体分の「獣脚」埴輪は、各脚に霊長目特有の五指を表現した人の手の甲をレリーフ状に貼りつけたもので、親指と人差し指の間隔をひろくとり、小指を小さくつくっていた。

さて、この三区でもっとも注目するのは、「獣脚」である。「獣脚」から復元される匍匐礼の具体像については、『万葉集』巻第二の「高市皇子尊城上殯宮之時柿本朝臣人麿作歌一首」としてある挽歌（一九九）の場景のなかに「鹿《しし》じもの い匍《は》ひ伏《ふ》しつつ」という表現がそれにあたる。具体的には臣下が主人に絶対の奉仕を表明するのに、鹿のように這い回る、あるいはその所作をするといったものである。こうした匍匐儀礼は、現代の人びとにとっては、ほとんどなじみのない挨拶儀礼だが、古代の東アジア世界では、王権の周辺で少なからずおこなわれていた。たとえば中国、唐時代の恵陵《けいりょう》（譲皇帝李憲《りけん》の追謚《ついし》皇帝陵）からはすぐれた造形美の匍匐俑（跪拝俑《きはいよう》）が出土しているし（図32）、列島においても今城塚のほかに、近年では下総《しもうさ》・江川《えがわ》古

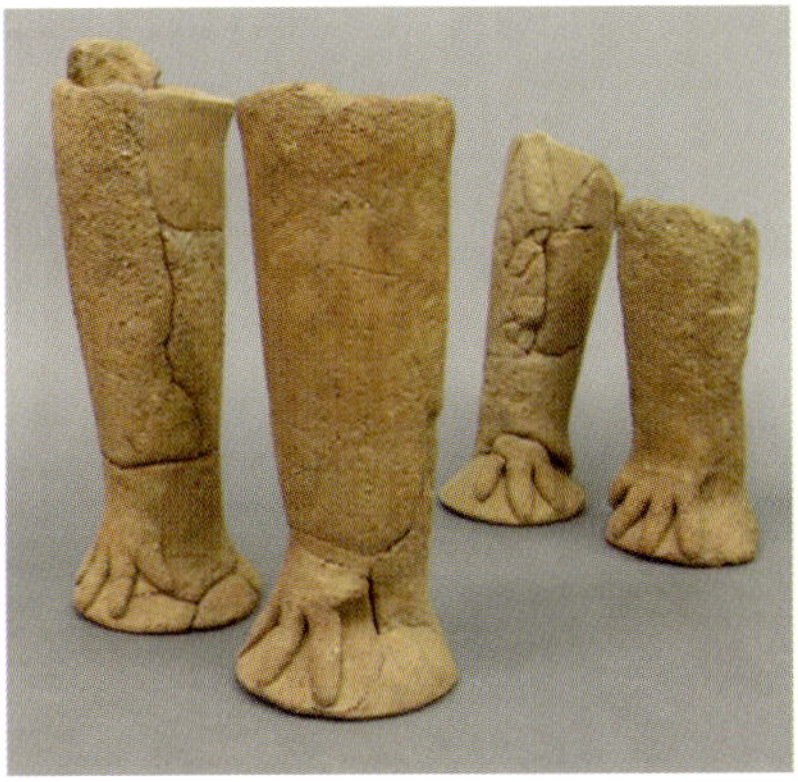

図31 ● **獣脚埴輪**（2体分のうちの1体分）
猪や鹿など、四足動物の脚部に人の手の甲と五本指を貼り付けた特異な造形の埴輪。残念ながら動物の本体は復元できなかった。絶対的な臣従の意思を示す匍匐儀礼にふさわしい動物としては鹿が有力。

墳（千葉県印西市）、上総《かずさ》・殿塚《とのづか》古墳（千葉県横芝光町）で六世紀後半代の匍匐する人物埴輪を確認しており、匍匐儀礼をあらわす考古資料は今後も漸増すると予測される。

二・三区では、多様な埴輪が展開し、さまざまな儀礼が映しだされ、もっともにぎやかな場面となっている。複数の「巫女」や楽人は、酒食の奉仕や歌舞の群像として理解が進む。また三区の「二山冠」の貴人は誄の奏上者に該当し、水鳥の列は場の清浄を目指しての配置であったのだろう。総じて二・三区は殯宮での公的儀礼の場と結論づけられる。

四区では東寄りに円柱の大形の家を配し、そのすぐ西側に二体の盾（口絵⑥）、複数の力士（口絵⑩）・武人・鷹飼人（口絵⑦）、鶏、そして西向きの馬の隊列や二体の牛（口絵⑨）などが並んでいた。さらに南側には白鳥とみられる大形の水鳥の列がみられる。四区の西辺の塀5に出入口はない。殯宮の外側にあたる四区は、宮門西側にひろがる殯庭に相当し、塀4のすぐ西の盾は辟邪《へきじゃ》、力士は地鎮を担い、武人・鷹飼人などは宮の警護をつかさどる舎人とみられ、儀仗を中心とした宮門外での公的儀礼の場となっている。馬具を装備した馬の隊列は参列者の乗り物か。裸牛は明快な解釈がかなわないが、儀礼に供された犠牲牛とも考えられる。

図 32 ● 唐・恵陵出土の匍匐俑
資料を観察したところ、顔を少しだけ左に傾け、それと連動するように右手、右足をわずかに前方に迫り出すなど、匍匐する瞬間をリアルにとらえている。朝服の右側のたもとには金泥も遺存し、ふくよかな造形とともに高貴な俑に仕上がっている。

さまざまな儀礼を含む殯宮のまつり

あらためて祭祀場での埴輪配置の全体像をみると、殯宮での私的儀礼の空間（一区）にくらべて、宮内あるいは宮外での公的儀礼をおこなう空間（二・三区、四区）が大きくとられ、なおかつ最大の家をはじめ、十指に余る家と人物の大半が集中する三区が質量ともに他区を圧倒しており、殯宮儀礼の本質をみごとに反映させたものとなっている。それは埴輪祭祀の主題が、殯宮の再現とともに、きわめて政治的な意味合いをもつ宮内での公的儀礼の顕在化に重点がおかれていたためと考えられる。

こうした殯宮儀礼を主題とする埴輪祭祀場には、そのほかにも一見錯綜しているかのようにみえるさまざまな造形物がある。それらは旧来の埴輪祭祀の思想の反映や、豪族たちがそれぞれ担っていた職掌の表現、さらには職掌にまつわる祭祀儀礼を象徴的にとり入れたとみられるものがある。たとえば、各区に配置された円柱をもち千木をいただく祭殿風の建物はカミの依代の象徴であり、三区の直弧紋をほどこし内部に祭祀空間を設けた建物は水のカミ祀りの場である浄水施設をあらわす。また一区の入母屋造りの一棟（口絵②）には、妻側の軒周りにヘラ描きの魚を一尾ずつ四コマにわたって配列し、左端では細身の水鳥が魚をついばむという、鵜飼の情景と解される描画（図33）など、いずれも殯宮の再現とあわせて複合的に表現していたとみられる。

図33 ● 鵜飼儀礼を表現した魚と水鳥のヘラ記号
口絵②の妻側の軒先に4コマを割付け、各コマに左向きの魚を1尾ずつ配置し、左端のコマでは水鳥を付加している。4コマの読み解きは、右から左に向かって泳ぐ1尾の魚を1羽の鵜がついばむというストーリーととらえ、放ち鵜飼の情景とみなした。

第5章　継体大王と今城塚古墳

1　継体陵論と今城塚古墳

『延喜諸陵式』の御陵

第1章に掲げた『摂津志』の「今城陵在郡家村」という記述は、一八世紀の頃、今城塚古墳がまぎれもなく御陵と認識されていたことを示す。そして記紀には摂津三島にある陵として、継体大王の「藍野陵《あいののみささぎ》」をあげていることからすると、今城塚を継体陵と考えるのはごく自然なことである。

実際に、平安時代に編纂された『延喜諸陵式《えんぎしょりょうしき》』には「三嶋藍野陵（略）在摂津国島上郡」とあり、鎌倉時代の西園寺《さいおんじ》公衡《きんひら》の日記である『公衡公記《きんひらこうき》』のなかに、一二八八年（正応元）二月廿五日の出来事として「召取山稜犯人継体天皇摂津島上陵（略）贓物御鏡以下持来之（略）」という興味深い記録もある。いずれにしても、継体陵が島上郡、すなわち現在の高槻市側に所在することを明記する。しかるに、継体大王の現陵は、江戸時代以来、島下郡（茨木市）にある太田茶臼山古墳とされ、充分な管理のもと、森厳なたたずまいをいまに伝えている（図34）。

記紀や『延喜諸陵式』所載の陵墓ならびに陵墓になぞらえる巨大古墳のほとんどは、飛鳥時代頃、言い換えれば、実際の古墳や大王墓が築造されてから百年ないし数百年後に作成されたとみられる史料にもとづいて、当て込み的に決められたものである。それゆえに、飛鳥時代直前の六世紀代の陵墓の所在地は、それなりに信用できるものの、武烈《ぶれつ》陵以前の各陵墓については、『延喜式』記載の所在地を鵜呑みにするわけにいかない。しかも陵墓とされた古墳自体も、古代から中世にいたる律令制の崩壊や戦国期の混乱のなかで、情報の質と量は経年的に劣化・減少し、加えて陵墓の管理もしだいにゆき届かなくなるなど、現在、宮内庁が公的に認め管理している治定《じじょう》陵としての確度も鈍くならざるをえない事情があった。なかでも大和の大和《おおやまと》古墳群や佐紀《さき》古墳群、河内の古市《ふるいち》古墳群、和泉の百舌鳥《もず》古墳群では、治定した陵墓の数を上回る

図34 ● **太田茶臼山古墳**（現、継体天皇三嶋藍野陵）
5世紀中頃に築かれた全長226mの前方後円墳。東北部の外堤に設置されていたとみられる家・馬・鶏・甲冑などの形象埴輪がみつかっている。

巨大古墳が集中しており、『延喜式』の所在地情報のみでは絞り込めない状況が生じているといってよい。

こうした陵墓比定の精度を高め、真に確定させていくためにも、宮内庁が進めている修陵工事に際しての公開や学術的見地からの立ち入り調査の充実が望まれる。

継体陵の治定とその後の経過

継体大王の三島藍野陵の治定についても、他の御陵と多かれ少なかれ同様の状況がうかがえるわけだが、根本的に他の陵墓と異なるのは『延喜諸陵式』のなかでは摂津三島で唯一の御陵であり、その探索については三島古墳群のなかから継体陵にふさわしい一基を確定すればよいことになる。この比定に関して具体的な古墳を最初に公表したのは、一六九六年（元禄九）に『前王廟陵記《ぜんおうびょうりょうき》』を著した松下見林《まつしたけんりん》で、「三嶋藍野陵今在島上郡島下郡界大田村俗云池上陵亦茶臼山」として、地元で池上陵との伝聞のある太田茶臼山を藍野陵と見定めた。あえて公表したと記すのは「俗云池上陵」の記述をおもんばかったからで、おそらく地元では以前から藍野陵とする伝承があったと推察する。時あたかも元禄時代、社会と経済が安定するなかで、陵墓探索の機運も高まり、幕府による修陵事業も緒についた頃である。太田茶臼山でも早速、陵墓としての体裁を整えるべく、一六九九年（元禄一二）までに周垣《しゅうえん》がめぐらされ（細井《ほそい》知慎《ちしん》『諸《しょ》陵周垣成就記《りょうしゅうえんじょうじゅき》』）、ついで一七二〇年（享保五）には高札が立てられたという。また一七三二年（享保一七）の『池之山之由来書』では、周垣の内部が「陵山《みささぎやま》」とよばれる無年貢地として記録されており、この頃までに事実上の治定がなされていたと考えられる。

一七九八年（寛政一〇）、国学者の本居宣長《もとおりのりなが》は、著書『古事記伝』のなかで継体陵に触れ、『延喜式』にある「在島上郡」の記述について「嶋ノ上は嶋ノ下を写シ誤れるか、但シ安威上下両郡の堺に甚近ければ、此御陵の地は古へは上ノ郡なりにしや、今は下ノ郡なり」とコメントし、『延喜式』の誤認説を基本に、郡界移動説を唱え、結果として松下の見解を追認した。また一八〇八年（文化五）に『山陵志《さんりょうし》』を著した蒲生君平《がもうくんぺい》もほぼ同じ理由で「大田村古塚此也」とし、幕末には御拝所、鳥居、灯籠などが設置された。総じて江戸時代の学者らは太田茶臼山が藍野陵であるとの結論に達するが、かれらが等しく苦慮したのは、『延喜式』にある「在島上郡」の所在記事であった。それは太田茶臼山が厳然として島下郡にあるにもかかわらず、陵名の「藍野」の地名にこだわり、式内阿為《あい》神社が鎮座する島下郡安威郷の近接地に陵を求めたからにほかならない。

この江戸時代を通しての三島藍野陵即太田茶臼山古墳説は、明治新政府がそのままに引き受けることになった。

真実の継体陵を求めて

太田茶臼山を三島藍野陵に治定したことについて、はじめて疑問をなげかけたのは木村一郎《きむらいちろう》である。一九一三年（大正二）、木村は島上郡にあるべき藍野陵が太田茶臼山であれば、古墳の西隣にある式内太田《おおた》神社が島下郡に所在する事実とは相容れないとした（「継体天皇三島藍野陵に就いて」『歴史地理』21―1)。それは言外に太田はもともと島下の地とみたものであり、島上郡にある今城塚こそ、真実の継体陵だと主張した。その意を解した天坊幸彦《てんぼうさちひこ》は、一九二六年(昭和元)に総持寺《そうじじ》の「寺領散在田畠等」の坪付を考証して島上と島下の郡界を復元し、今城塚を真実の継体陵と結論づけ、喜田貞吉《きたさだきち》も「継体天皇陵の問題を立派に解決した」高論だとして推薦文を寄せている。また一九二九年(昭和四)、諸陵寮考証官の和田軍一《わだぐんいち》は天坊の結論を「最も当を獲たものと信ず」(『三島藍野陵真偽弁』)と評価し、一九三六年(昭和一一)の臨時陵墓調査委員会においても、太田茶臼山(現継体陵)が島下郡に所在する矛盾を黒板勝美《くろいたかつみ》や濱田耕作《はまだこうさく》らが公式に議論したが、ついに三島藍野陵の治定が変更されることはなかった。

2 新池遺跡と埴廬

埴輪窯の発見と調査

一九五二年、免山篤《めざんあつし》は太田茶臼山と今城塚の中間点にある土室《はむろ》の新池《しんいけ》のほとりで埴輪窯を発見した(図35)。土室は「欽明紀」二三年条にある「摂津国三島郡埴廬」が訛ったもので、埴輪窯跡が地名として史料に登載された唯一の事例である。一九八八年からの発掘により、畿内地域における大規模埴輪生産の実態がはじめて明らかになるとともに、太田茶臼山と今城塚の築造年代についても重要な知見をもたらした。およそ一〇〇年におよぶ埴輪生産にかんする遺構群は、五世紀中頃のA群埴輪窯(半地下式)三基、大型埴輪工房(最大は一三二平方メートル）三基、工人住居六〜七基、五世紀後半のB群埴輪窯（半地下式）五基、六世紀前半〜中頃のC群埴輪窯（地下式）一〇基、工人住居兼工房五〜六基として認識された。このうちA群窯で焼成された埴輪は太田茶臼山に並べられ、C群窯の埴輪は今城塚や昼神車塚に搬出されていたことが、窯跡と古墳出土の埴輪相互の検討ならびに胎土の成分分析の結果から確かめられた。あわせて窯の床面焼土に残された地磁気の年代測定をおこなったところ、A群の一号窯が四五〇年±一〇年、C群の一八号窯が五二〇年±四〇年との結果が得られ、この二大古墳の時期差が約八〇年という具体的な数値として把握できるようになるとともに、今城塚の築造年代が継体の没年（五三一年）と整合性をもつことが明らかになった。

ちなみに太田茶臼山の埴輪づくりでは、一号窯と一号工房、二号窯と二号工房、三号窯と三号工房をそれぞれ対にした三組のチームをシステマティックに稼動させて、必要な数量の円筒と形象埴輪を調達していた。大和王権直属の埴輪工房ならではの高度な生産体制と評価できる。また古墳時代の土室地域では、地方の工人が埴輪の製作技術の習得や生産システムの研修などに来てい

図35 ● **新池遺跡A群窯**
半地下式の３基の埴輪窯が１本の排水溝で区画されていた。窯内の埴輪片には焼台として２次的に使用されたものも多くみられ、なかには各窯で出土した焼台同士が接合できる資料も複数あり、A群窯３基の同時性が検証されている。

たとみられ、新池遺跡から太田茶臼山に至る埴輪の搬出ルートにある土室遺跡で東海地方の甕《かめ》（五世紀の松河戸《まつかわど》式）が、また一八号窯の灰原《はいばら》からは関東地方の甕（六世紀の鬼高《おにたか》式）が出土している（図36）。

広大な藍野

新池遺跡の調査によって、今城塚を三島藍野陵にあてることはほぼ不動のものとなった。そうすると今城塚が築かれた藍野の領域は、単に律令期の嶋下郡安威郷だけでなく、三島平野の中央部にあって芥川と安威川の間に展開する富田台地（低位段丘）とその後背丘陵をも含み込んだ広大な地域と考えるのが妥当だ。「雄略紀」九年条にある藍原《あいのはら》もまた藍野を含み込んだ三島地域の別称とも理解できる。藍野はまさに三島枢要の地を体現した地名とみなされ、「安閑紀」元年条にある竹村屯倉《たかふのみやけ》設置譚の三島県主飯粒による良田献上にまつわる記事も、実質的には藍野の開発を押し進めた内容を記したものだろう。藍野には弁天山古墳群から阿武山古墳まで、三島の主要古墳が数多く営まれ、先記した新池埴輪製作遺跡のほかにも郡家川西遺跡、総持寺遺跡の大集落が展開し、豊かな土地柄であったことがうかがえる。

図36 ● 鬼高式土器
煤が付着した実用品であり、埴輪づくりに参画した東国の人たちが搬入したと考えられる。胎土・色調・調整手法から常陸ないしその周辺地域で製作されたものと思われる。

3　汎淀川流域と継体大王

継体王権の基盤

およそ継体ほど、その出自、即位、事跡、陵墓造営をめぐって、琵琶湖地域と淀川・木津川流域にまつわる話の多い大王はいない。本書では、木津川を含めて、琵琶湖から淀川に至る広義の水系の地域をとらえて汎淀川流域とよび、継体王権の論議に関してのキーワードのひとつとする。

継体は『日本書紀』では男大迹《をほど》天皇とあり、出自については誉田《ほむだ》天皇（応神）の五世孫の彦主人王《ひこうしのおおきみ》と活目《いくめ》天皇（垂仁）の七世孫振媛《ふるひめ》との間に、近江高嶋三尾《おうみたかしまみお》の別邸で生まれ、彦主人王の早世により振

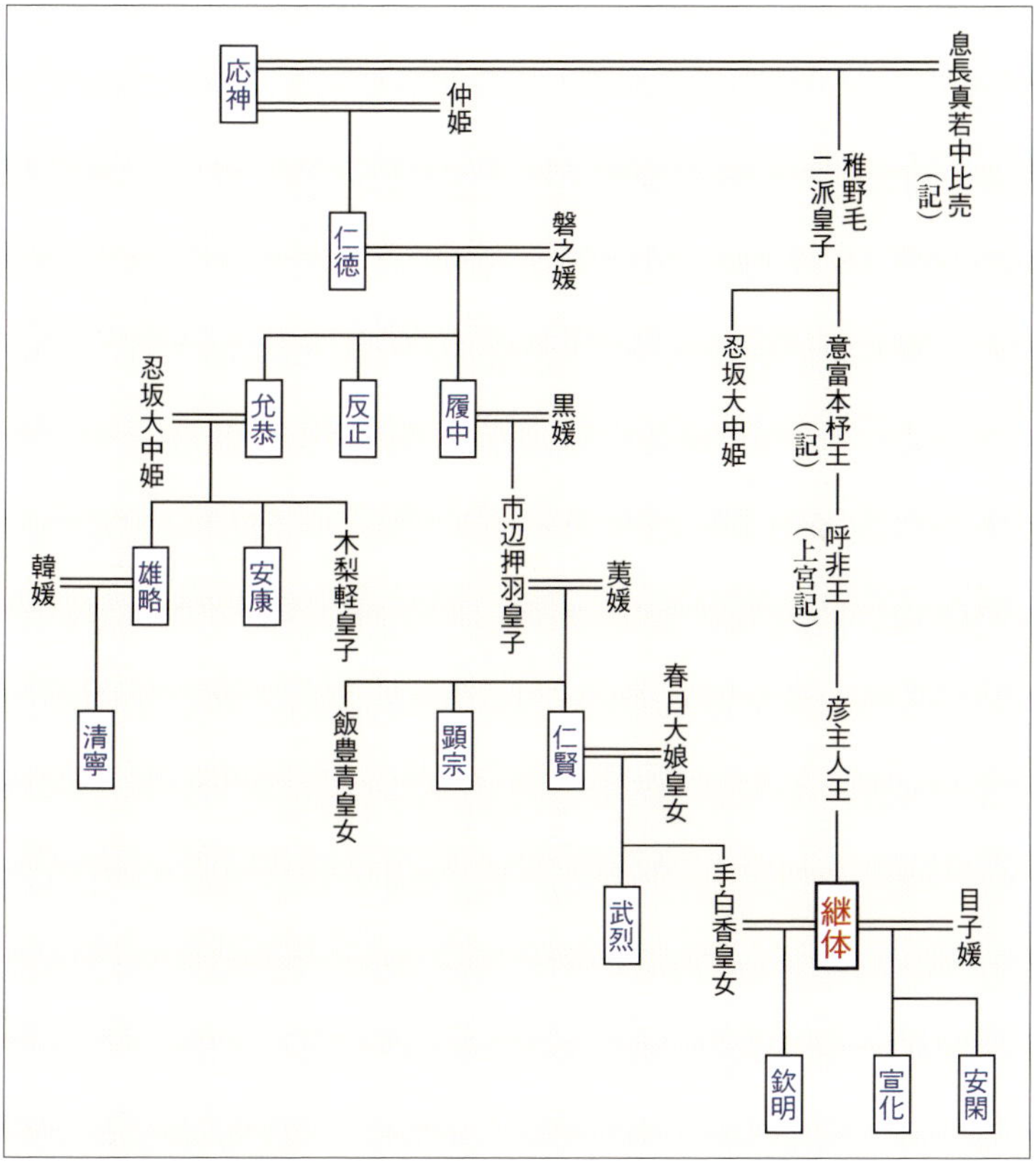

図37 ● 継体大王の系譜
『日本書紀』を基本に『古事記』と『上宮記』一云を加味して作成。

媛の故郷越前《えちぜん》三国《みくに》坂中井《さかない》の高向《たかむこ》で育ったと記述する。それに対し『古事記』では単に「近淡《ちかつおう》海《み》」に立つと記すのみで、越前とのかかわりは記されていない。一方で記紀より古い史料である「上宮記（逸文）」（『釈日本紀』所引）には、彦主人王はウシ王とあり、ホムツワケ王からワカヌケフタマタ王、オホホド王、ヲヒ王、ウシ王、ヲホド王（継体）に至るよりくわしい系譜が記されている（図37）。とりわけオホホド王は湖北に勢力をはる息長《おきなが》王家の始祖的人物ともみられ、継体を息長氏の出身とみる研究者も多い。いずれにしても継体の出自に関する史料は近江とのかかわりを満載する。

　ところで継体は成長するにしたがい、ことさら多くの地域とかかわりをもち、連携を深めていったようだ。その具体的状況を知るうえで、彼の婚姻関係を探るのは有効な手段となる。

　図38は継体の后妃の一覧であるが、『日本書紀』に即してみると皇后を除いた八人のうち、坂田大跨《さかたのおおまた》王の娘広媛《ひろひめ》、息長真手《おきながまて》王の娘麻績娘子《おみのいらつめ》、根《ね》王の娘広媛らは湖東や湖北の、三尾君堅槭《みおのきみかたひ》の娘倭媛《やまとひめ》は湖西高島の豪族の出身である。また『古事記』に三尾君等の祖、若比売として筆頭に掲げられている三尾角折君《みおのつのおりのきみ》の妹稚子媛《わかこひめ》についても、三尾氏出身の倭姫と同様に考えてさしつかえないと思われる。また茨田連《まむたのむらじ》小望《おもち》の娘関媛《せきひめ》は、淀川左岸の北河内に蟠踞《ばんきょ》する豪族の出身である。なお和珥臣河内《わにのおみかわち》の娘荑媛《はえひめ》については、和珥氏自体が奈良盆地東北部から南山城、近江、越前、尾張と広汎に展開しており、出身地をにわかに特定できないが、可能性が高いのは畿内地域で、しかも五ヶ庄二子塚古墳などが築かれた宇治などが有力な候補地となろう。いずれにしても、汎淀川流域の豪族との縁者が圧倒的なのは間違いない。

継体を支えた汎淀川流域以外の勢力については、目子媛《めのこひめ》を早くに輿入れさせた尾張氏がある。崇神《すじん》大王の妃に尾張大海媛《おわりのおおしあまひめ》の名がみられるものの、尾張氏はそれまでの大和政権が十分にとり込めなかった東海地方の雄であり、目子媛が生んだ二子がのちに安閑《あんかん》・宣化《せんか》として大王になるなど、継体王権の運営にとって終始重要な役割を果たすことになる。全長一五〇メートルの前方後円墳である断夫山《だんぷざん》古墳（愛知県名古屋市、六世紀中頃）は象徴的な存在で、尾張独特の円筒埴輪を創出し、各地に大きな影響をあたえるなど、あなどれない実力を保有している。

継体は五〇七年に北河内の樟葉宮《くすはのみや》で即位した、といわれる。無論、樟葉で即位したのであろうが、わたしは北河内を淀川左岸の地と言い換えたい。それは継体政権の本質が琵琶湖・淀川流域の勢力を基盤としていたという視点を失いたくないからである。『日本書紀』にみる即位の経緯は、まず大伴金村《おおとものかなむら》らが丹波にいた倭彦《やまとひこ》王に白羽の矢を立てたが、迎えの兵列に怖れをなして逃亡したとある。淀川沿岸地域からわずかに離れた隣接地の王であるところが、いかにも付会された話のようだ。その後、金村らは越前にいた継体に懇請、淀川左岸の地を基盤とする河内《かわちの》

『日本書紀』	『古事記』
皇后、手白香皇女	③意祁天皇（仁賢）之御子、手白髪命
元妃、尾張連草香女、目子媛	②尾張連等之祖、凡連之妹、目子郎女
三尾角折君妹、稚子媛	①三尾君等祖、若比売
坂田大跨王女、広媛	⑤坂田大俣王之女、黒比売
息長真手王女、麻績娘子	④息長真手王之女、麻組郎女
茨田連小望女、関媛	
三尾君堅槭女、倭媛	⑥三尾君加多夫之妹、倭比売
和珥臣河内女、荑媛	⑦阿倍之波延比売
根王女、広媛	

図38 ● 継体大王の后妃
『日本書紀』と『古事記』で異同があるが、ここでは継体のバックボーンをとらえる主旨から、『紀』の記載順を優先し、『記』の記載順は番号を付した。

馬飼首《うまかいのおびと》荒籠《あらこ》のたすけもあって、即位にいたったとされている。五一一年（継体五）には木津川左岸の筒城《つつき》宮、五一八年（継体一二）には淀川右岸の弟国《おとくに》宮に移り、五二六年（継体二〇）にようやく大和の磐余《いわれ》玉穂《たまほ》宮に遷ったという。文字どおりに受け取るなら、じつに在位期間二五年のうち二〇年を淀川・木津川の沿岸地域に宮を構えたことになる。

治世のなかでの大きなできごとは、継体六年の百済への上哆唎《おこしたり》・下哆唎《あろしたり》・娑陀《さだ》・牟婁《むろ》の四県割譲と二一～二四年の近江毛野臣《おうみのけなのおみ》の任那《みまな》復興のための朝鮮半島への派兵、ならびにそのときに勃発した筑紫君磐井《つくしのきみいわい》との戦（通称、磐井の乱）である。四県割譲の交渉の場は百済の使者を迎えた難波館であり、使者の上表を受諾した大伴金村はこのことが原因でのちに失脚した。一方、近江毛野臣は、近江を冠した名から琵琶湖沿岸地域に拠点をもった豪族の出身とみられ、六万の兵を率いて勇躍船出するものの、半島での本務はままならずに退却を余儀なくされた。五三〇年（継体二四）には失意のなか、対馬で死亡、遺骸は舟で枚方《ひらかた》まで運ばれ、その後、近江に移送されたという。このときの六万の兵員輸送、また磐井戦争に際しての物部麁鹿火《もののべのあらかひ》率いる大和王権の派遣軍は、いったいどこの港津で仕立てられたのか、である。

4　淀川の筑紫津

どんどん増える二本マストの船絵

今城塚出土の埴輪にかかわって、特異な一群の船絵がみつかっている。いずれも円筒埴輪の最上段に、向かって右側を舳先《へさき》とする船体を上向きの二本の弧線で描いたもので、船体中央部ないし、やや右寄りに二本マストを引きおろし、ついで船体の右端から碇綱《いかりづな》となる二本線を垂下させている。これまでに今城塚で一三例、新池遺跡C群窯で七例、今城塚の東方約六〇〇メートルのところにある川西四号墳の埴輪棺に一例、の都合二一例の資料が把握されている。

これらの船絵は、船体の描線部にみられる砂粒の移動痕跡の分析から、右利きの手になるものが一一例、左利きのものが一〇例確認されている。にもかかわらず、船を描く部位、船の向き、船体の造形や装備など、すべての船絵のデザインが同じであることから、単なる工人の手遊びや思いつきで描かれたものでなく、一定の指示と制約のもとに、明確な目的をもって描写されたと推察する。

さきにこれらの船絵を特異としたのは、一つにはマストに帆を張らず、碇を降ろした停泊船の表示になっていること、いま一つは今城塚という単一の古墳に同じモチーフの船絵を大量に配置していることである。ちなみに新池遺跡で検出された七点の資料も、本来は今城塚に供給すべき埴輪の破損品や焼き損じ品であって、窯場での歩留《ぶど》まり（失敗率）から推定される製作総量を考慮すると、古墳に並べられた円筒埴輪に船絵が描かれた割合は相当高かったと考えられる。

航行船と停泊船

列島における船絵の考古資料は、弥生時代以来、櫂や舵を操る人物を描き込んだ漕行、ない

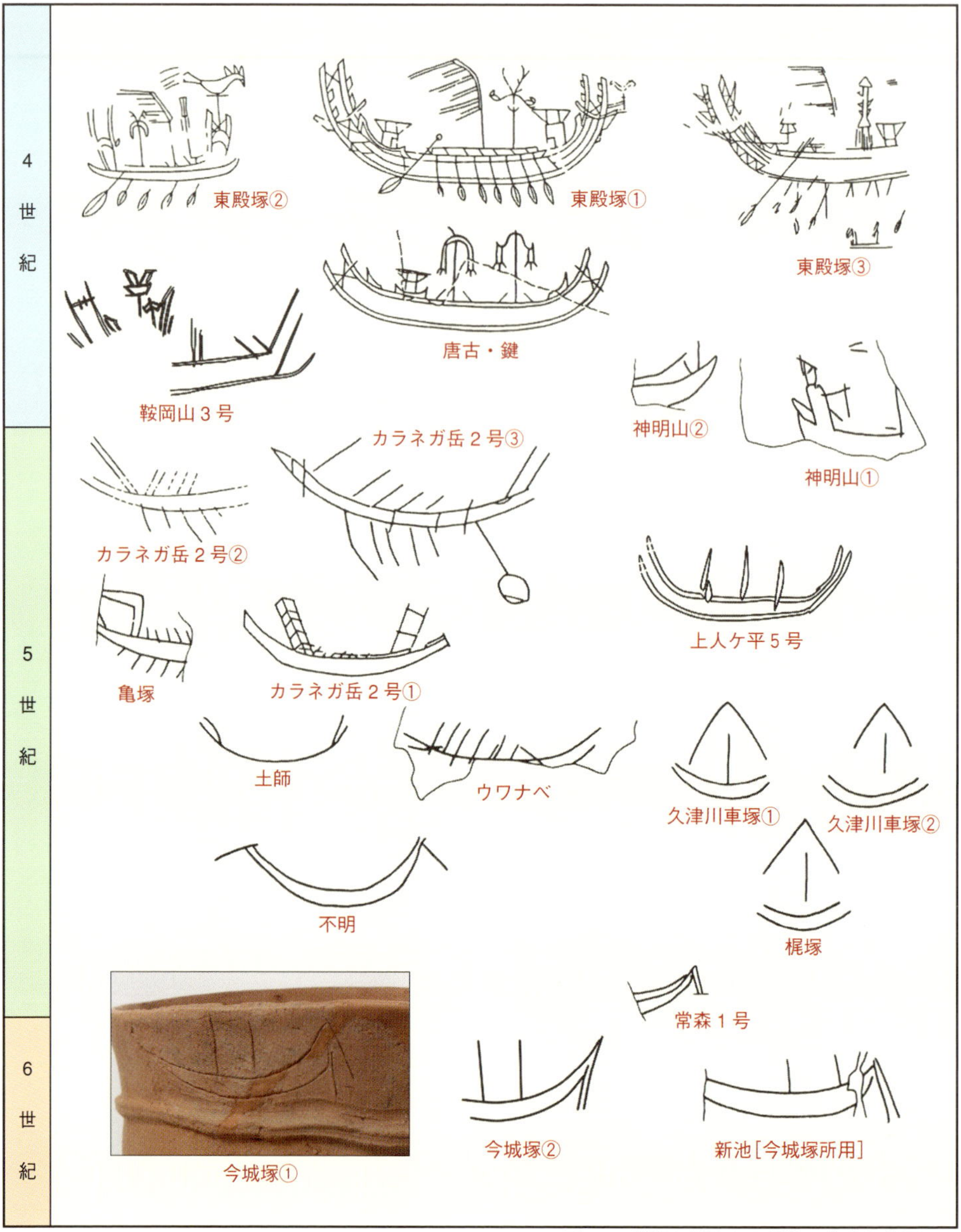

図39 ● 埴輪に描かれた船絵の集成と変遷

し帆を掛けての帆走、いいかえれば航行する姿をあらわすことが多い（図39）。その理由は、船が古代における有用な交通手段で、なおかつ一度に大量の物資を輸送できる唯一の手立てであることから、その機能を遺憾なく発揮している場景を描き出すことが船絵の効用と価値にほかならないからだろう。この種の船絵は時の経過とともに、櫂を漕ぐ人物を省略するなどのデフォルメがすすむが、幡をひるがえし黄泉の国へ死者の魂を運ぶ情景を表現したともいわれる大和・東殿塚《ひがしとのづか》古墳（奈良県天理市、四世紀前半）の船絵についても、やはり航行中の図柄となっている。

一方、停泊船の絵については、弥生時代に類例はなく、古墳時代になると前期では備前に二例（津寺《つでら》、加茂《かも》A）、但馬《たじま》に一例（袴狭《はかざ》）、中期では畿内の淀川・木津川流域の古墳を中心に八例、後期では上記した今城塚・新池を中心とする三島での幾多の資料がある（表3）。これらの停泊船を表現する背景については、まさに船の居所である船泊り、もしくは津（港）がイメージされる。古墳ごとにみられる停泊船資料の多寡は、象徴される港の規模を反映しているのだろう。図40は、これらの停泊船の船絵資料について、畿内地域での分布を示したもので、古墳時代の中・後期に

区分		弥生時代		古墳時代		
		中期	後期	前期	中期	後期
準構造船	航行船	井向、稲吉、清水風、唐古・鍵、城、坪井、(青谷上寺地、妻木晩田)	樽味高木 荒尾南	東殿塚、唐古・鍵、神明山①、(神明山②)、鞍岡山3号、加茂A(A・C)	カラネガ岳2号②・③、亀塚、ウワナベ	
	停泊船			加茂A(B・D)、津寺、袴狭	カラネガ岳2号①、久津川車塚、梶塚、土師、常森1号、不明	
構造船	航行船					
	停泊船				上人ケ平5号	今城塚 (新池窯) (川西4号)

遺跡名の■は銅鐸、■は土器類、■は板材類、■は埴輪類に描かれたもの

表3 ●出土した船絵資料にみる準構造船・構造船と航行船・停泊船の相関（森田 2007 より）

おける淀川・木津川流域での偏在ぶりが興味深い。

筑紫津と継体王権

催馬楽《さいばら》「難波の海」の「難波の海 難波の海 漕ぎもてのぼる 小舟大船 筑紫津までに いま少いのぼれ 山崎までに」の歌のなかに、淀川にあった筑紫津が詠まれている。筑紫は古代の九州島、津は港であり、いまふうに表現すれば「九州港」である。歌意からは筑紫津が山崎津のやや下流の淀川中流域にあったことがわかるが、もとより催馬楽は平安時代の歌謡であり、筑紫津がどの時代までさかのぼってその存在を論証できるのか、である。一九八五年、淀川に面した芝生《しぼ》遺跡で弥生時代以来の潟の遺構がみつかり、そこから芥川沿いの少しさかのぼった津之江の地には、筑紫津神社が鎮座している。神社の北寄りの津之江南《つのえみなみ》遺跡のムラを介すれば、今城塚はすぐそこにあり、古代の筑紫津は遺跡と神社として現在にもなお息づいているといっても過言ではない。

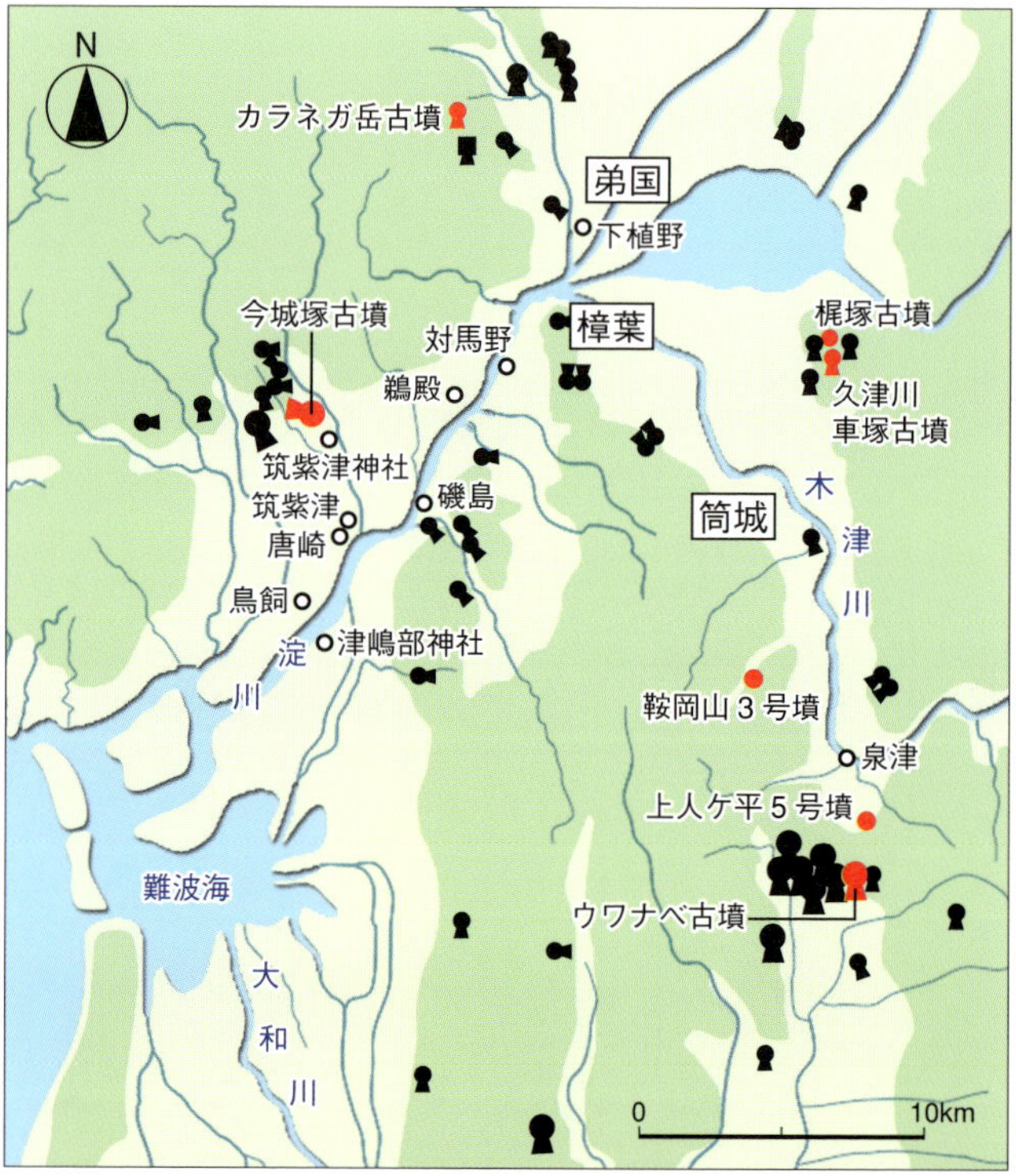

図 40 ●畿内地域における船絵資料のある古墳分布と「筑紫津」関連地
（赤色の古墳が船絵資料のある古墳）

古代において淀川中流域が、にわかにクローズアップされるのは、継体の時代である。とくに治世の前半から中頃にかけての政権運営の根幹については、わたしは古代の「淀川ニューディール」とよび、記紀に記された仁徳大王の淀川下流域の整備を引き継ぐかたちでの、大和王権の重要な政策と位置づけている。政策遂行の実際は淀川両岸地域に点在していた河津、宮、屯倉、馬牧等をいずれも潟地のほど近くに、つぎつぎ造営・配置していったことである。とりわけ軍事面における、継体の王権に突きつけられた百済親政を軸とする朝鮮半島経営への対処について、兵員輸送を担保する大型船の調達と河津の整備は、喫緊《きっきん》の課題だったと思われる。具体的には、先記した近江毛野臣率いる六万の兵員の半島南岸地域への渡海と磐井の乱への派兵などを可能にすることであった。古代の淀川に外航船が遡上できることは、平安時代の『土佐日記』の記述にもあるが、すでに五三〇年（継体二四）の近江毛野臣の亡骸帰還に際して、枚方までの舟運記録がある。

さらには「宣化紀」にある茨田屯倉《まむたのみやけ》から那津官家《なのつのみやけ》への稲の移送記事や北河内の交野郡の「津島（対馬）野」「対馬樋門《つしまひもん》」、同じく茨田郡の「対馬江《つしまえ》」など、いまに残された地名を考慮すると、淀川中流域の両岸に展開していた港津群にわざわざ筑紫を

図 41 ● **今城塚古墳・新池遺跡出土の円筒埴輪にみられる船絵の復元図**
２本マストの停泊船の船絵から、航行する構造船として、イメージ復元したもの。

冠して、「筑紫津」とよんだ理由もうなずける。ロシアのサンクトペテルブルク市（旧レニングラード市）には、いまもモスクワ駅がある。モスクワに向かう列車の発着場としての機能を重視した駅名である。また有名な佐賀県の唐津も、かつて唐（韓）渡りの港であったことはよく知られている。このように主たる目的地を掲げた港名や駅名は世界にいくつもあり、筑紫津もまた、同様に理解できる。論より証拠というべきか。

筑紫津と今城塚古墳

今城塚古墳の造営にかかわっては、肥後や播磨、河内産の凝灰岩製石棺、淡路（洲本《すもと》市周辺）産の泉南酸性岩類流紋岩や南淡路産の玉石、阿波（吉野川流域）産の結晶片岩、さらには花崗岩を主体とする石室や基盤工の石材といった、大量の資材の搬入などがあり、筑紫津は物資流通の基地としても重要な役割を果たしていたのは疑いない。もっとも象徴的

図 42 ● 今城塚の石棺材およびその他の石棺材の産地

な事例は、熊本宇土産馬門石の家形石棺を海路搬送してきたことである（図42）。それには綿密な計画と多大な労力を費やして実現されたと考えられる。宇土の石切場での切り出しと粗仕上げは石工《いしく》の、積出港への曳き出しと外洋船への積み込みは強力《ごうりき》の仕事である。船出してからの航路は有明海から一旦東シナ海へ出て、玄界灘から関門海峡を通過して瀬戸内海を東進、やがて大阪湾に入り淀川を遡上、芥川が流れ込む潟地に推定される筑紫津までのおよそ八五〇キロの行程である。陸揚げ後は古墳築造現場までの道筋を北へ進んだものと思われる（図43）。

ちなみに継体大王と同世代の百済第二五代の武寧《ぶねい》王と王妃がそれぞれ五二三年と五二六年に亡くなったとき、棺材となるコウヤマキが列島からわざわざ運ばれたといわれている。おそらく、それらの用材も、継体の裁可のもとに筑紫津あたりから長駆輸送されたのだろう。

図 43 ● **藍野を曳きわたる石棺**
淀川縁の「筑紫津」で陸揚げされた馬門石製の粗作りの石棺は、大王墓（今城塚）へ向かって曳き出された。最終仕上げをする現地の工房まで、あと一息だ。綱を引く手にも思わず力が入る（原画：早川和子）。

5 継体大王と「癸未年」銘鏡

継体大王の論議でかならず引き合い出される資料に、和歌山県の隅田《すだ》八幡《はちまん》神社に伝わる「癸《き》未《び》年」銘人物画像鏡《じんぶつがぞうきょう》がある（図44）。鏡は内区文様に河内・郡川西塚《こおりかわにしづか》古墳（大阪府八尾市、六世紀初頭）、武蔵・亀塚《かめづか》古墳（東京都狛江市、六世紀初頭）などから出土している特定の神人《しんじん》歌舞画像鏡《かぶがぞうきょう》をモデルに図柄を模刻し、内区外周の本来の銘帯《めいたい》部分には大和・平林《ひらばやし》古墳（奈良県葛城市、六世紀後半）、同・藤《ふじ》ノ木《き》古墳（奈良県斑鳩町、六世紀後半）などの画文帯《がもんたい》四仏四獣《しぶつしじゅう》鏡《きょう》の特徴的な半円方形帯を模倣して配置している。いわば二つの鏡種の特徴的な文様を組み合わせて鋳型をおこした折衷形式の鏡である。ただし外区の銘帯は、様式的にも、まったく独自のスタイルだ。モデルにした画像鏡と仏獣鏡の同型鏡は、いずれも五世紀後半から六世紀にかけての古墳から出土していることが注意される。

肝心の銘文は四八字あり、「癸未年八月日十大王年男弟王在意柴沙加宮時斯麻念長寿遣開中費直穢人今州利二人等取白上同二百旱作此竟」と刻まれ、「癸未《みずのとひつじ》の年八月十日、大王と男弟王が意柴沙加宮《おしさかのみや》にいるとき、斯麻《しま》が長寿を念じて開中費直《かわちのあたい》、穢人《あやひと》（漢人）今州利《こんすり》の二人らを遣わして白上同（白い上質の銅）二百旱（貫）をもってこの鏡を作る」というほどの意味である。究極的には癸未年を四四三年とみるか、五〇三年とみるかであるが、それは大王と男弟王、そして斯麻の人物像にかかわってくる。ここでは古代史家の意見に、少しく耳を傾けよう。

四四三年説では大王は允恭《いんぎょう》、男弟王は允恭の外戚であるオホホド王、斯麻は三島県主にあてる見方である。この説は和田萃《わだあつむ》の強く主張するところで、允恭の皇后・忍坂大中姫《おしさかのおおなかつひめ》が意柴沙加宮にあって、その兄であるオホホド王が三島とつながる点が興味深く、しかもオホホド王の曾孫が継体であることも、そこはかとなく因縁を感じる。五〇三年説では大王は武烈、男弟王はのちの継体大王であるヲホド王とし、斯麻は百済の武寧王の字《あざな》とみる。この説は山尾《やまお》幸久《ゆきひさ》を代表格に、近年ではこの立場をとる考古学者が増加中である。要は即位前の継体が意柴沙加宮にいたときに、一足早く即位した武寧王が継体の長寿を期して、二人の工人と銅を遣わして鏡をつくらせたとするものである。

図 44 ● 隅田八幡神社に伝わる「癸未年」銘人物画像鏡
内区の人物像が平板なレリーフ状で、乳の配置が大きくくずれている。

はからずも両説とも、三島ゆかりの三島県主や継体大王、さらには継体の曾祖父であるオホド王が触れ合うことになり、三島古墳群とのかかわりが気になるところだ。すなわち四四三年説では太田茶臼山古墳、五〇三年説では今城塚古墳が論議の俎上にのることになる。わたしは早くに太田茶臼山古墳即オホホド王墓説を唱えており、四四三年説に立つようにみえるが、それはあくまでも新池遺跡の埴輪窯群の分析に基づく年来の主張である。この「癸未年」銘鏡の論議に関しては、やはりモデルとなった同型鏡類とそれらが出土した古墳の年代観を重視し、五〇三年説に与《くみ》しようと思う。

あらためて「癸未年」銘鏡をみると、鋳型では内区の図像文を反転させて彫るという基本的なルールを無視ないし度外視しており、文様の割付けもなおざりで、およそ鏡作りとしては真剣さが感じられないのである。ところが外区の銘文はルールにのっとってしっかりと刻まれ、特段のメッセージを伝えようとする意志が明確である。極言すれば銘文を刻むアイテムとしてとくに仕立てられた鏡と評価され、わざわざ外区に配置し顕在化させた理由も理解できる。この第一級の金文である「癸未年」銘鏡に託された銘文は、即位直後の武寧王が向後の倭と百済の友好関係を期したものと考えられ、五〇三年説にこそ、鏡を制作する大義名分がみえる。ただし、そのように解釈すれば、即位前の継体は意柴沙加宮にいたことになり、『日本書紀』にある、越前から擁立されたとする継体の即位事情と矛盾するとの指摘もある。はたして、継体は越前から立ったのであろうか。まだまだ謎は謎として残される。

第6章　考古資料が語る継体王権の基盤

今城塚が大王墓として最初に横穴式石室を採用したのではとの評価もあるなかで、肝心の墳丘が伏見地震のダメージにより、石室の実態を示せないもどかしさがある。このことは遺物についても同様で、金銅製馬具・龍文銀象嵌大刀の破片などから、豪華な副葬品の様相も垣間みえるわけだが、その総量、種類や組み合わせといった情報はまったくの闇のなかで、まことに残念なことになっていた。

そうしたなか、継体王権を直接支えた基盤である汎淀川流域の諸古墳において、継体王権の実態解明の糸口ともなる考古資料が特定され、検証されている。それらは捩《ねじ》り環頭《かんとう》大刀《たち》、広帯《ひろおび》二山式冠《にざんしきかんむり》、三葉文《さんようもん》楕円形《だえんけい》杏葉《ぎょうよう》などの威信財《いしんざい》（図45）、あるいは近畿地方では特異な存在である尾張系円筒埴輪などであり、ほかにも独特の調整手法を有する千里窯系須恵器も見過ごせない。

威信財

捩り環頭大刀は、柄頭《つかがしら》に捩り環、柄に護拳用の勾金《まがりがね》がとり付けられている倭国独特の大刀で、五世紀末から六世紀後半にかけて製作された。分布は関東から九州におよぶが、峯ヶ塚古墳をはじめとする近畿地方での出土が著しい。とくに摂津・塚原《つかはら》B四一号墳（大阪府高槻市、六世紀中頃）、同・勝福寺古墳、近江・円山古墳など、西摂津を含めた汎淀川流域を中心とする近畿北部では六世紀前半（須恵器MT15〜TK10型式の年代）、近畿南部では藤ノ木古墳など大和を中心に後半（TK43型式の年代）の資料が多い。このことから継体期に相当する前者の一群については、継体王権を支える豪族らに優先的に配付していたと考えられる一方で、後者の状況については、継体後の王権の基盤の移動を反映したものとしてとらえられる。

広帯二山式冠は、四つに分類されている冠帽の一つで、鉢巻部分を幅広くし、その上縁を二つの山形になるように仕上げたものである。捩り環頭大刀と同様、広帯二山式冠は近江・鴨《かも》稲荷山《いなりやま》古墳（滋賀県高島市、六世紀前半）、山津照神社《やまつてるじんじゃ》古墳（滋賀県米原市、六世紀前半）、山城・物集女車塚古墳など、六世紀前半の汎淀川流域での盛行が確認される。ところが後半になると広帯二山式冠は一挙に激減し、かわって狭帯式《せまおびしき》、額飾式《ひたいかざりしき》、帽《ぼう》の三種が冠帽の主流となり、その分布も関東をはじめ全国に広がる。

三葉文楕円形杏葉は馬を飾るための馬具のひとつであり、下向きの三葉文が特徴で、基本的には十字文楕円形鏡《かがみ》板付轡《いたつきくつわ》と組み合う。この杏葉は舶載されたと考えられている近江・鴨稲荷山古墳の事例を先駆けに、山城・物集女車塚古墳、同・井《い》ノ内稲荷塚《うちいなりづか》古墳（京都府長岡京市、

広帯二山式冠（復元品）

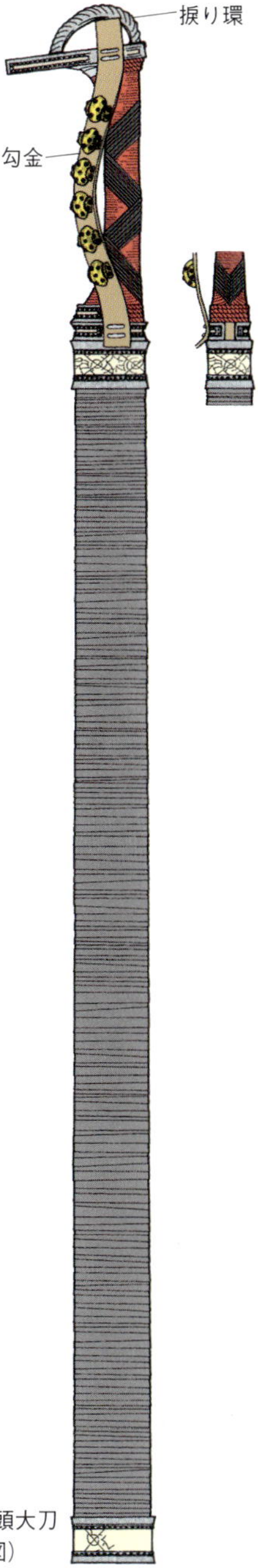

▶振り環頭大刀
（復元図）

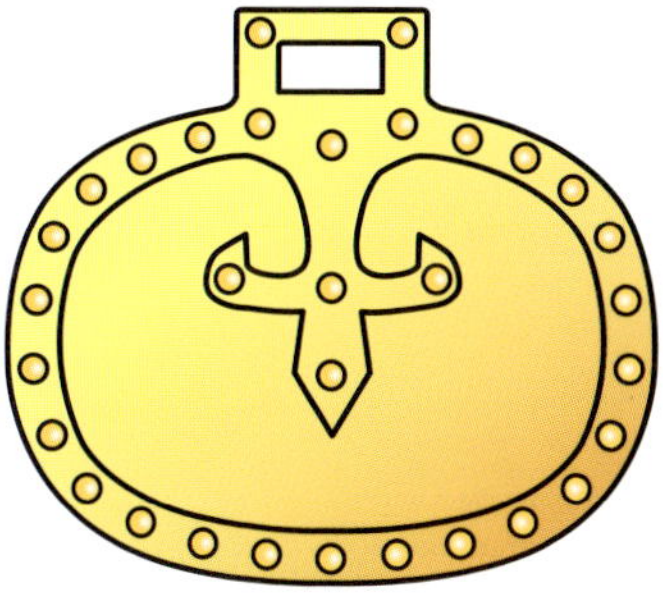

三葉文楕円形杏葉（イメージ図）

図45 ●継体期に顕在化する威信財3種
振り環頭大刀は峯ヶ塚古墳の復元図、広帯二山式冠は鴨稲荷山古墳の復元品、三葉文楕円形杏葉は出土品からのイメージ図。

六世紀前半）など、やはり汎淀川流域に数多くみられる。六世紀前半に数多く、後半には少なくなるあり様は、広帯二山式冠とよく似ている。

尾張系埴輪

つぎに、もともと尾張を中心に分布する尾張型埴輪ないし尾張系埴輪とよばれる須恵器系の円筒埴輪をとりあげる。

通常の円筒埴輪は粘土紐を輪にしながら底部から順次積み上げて製作するが、回転台を利用する尾張系埴輪には特徴的な痕跡が観察される。具体的には①器面を平滑に仕上げるための工具痕である横方向の連続ハケメをもつことを基調に、②底部側面の余分な粘土をかきとる回転ヘラケズリ、③埴輪を回転台からヘラで切り離すときの底面の回転ヘラキリ、④仕上がったばかりの埴輪を、紐状工具を用いて台からもち上げる際に生じるヒモズレ・ユビズレ、また大きめの円筒をつくるときの工夫として、⑤粘土紐をある程度積み上げたところで、一旦回

図46 ● 尾張系円筒埴輪
勝福寺古墳出土。胎土分析から地元産とされ、尾張あたりから工人がやってきて製作したと考えられている。おおむね円筒埴輪の復元全高は約44㎝。

転台からとりはずして天地を逆転させ、積み上げ作業を続行させる倒立技法とその埴輪にときおり観察されるタタキの工具痕、などの特徴が識別のポイントとなる。

近畿地方ではこれまでに一一の古墳で確認され、いずれも汎淀川流域での検証例である。これらは①⑤の特徴をもつ山城・五ヶ庄二子塚古墳、堀切《ほりきり》七号墳（京都府京田辺市、六世紀中頃）、摂津・福井《ふくい》遺跡（大阪府茨木市、六世紀前半）などの、おおむね三条突帯以上の大型品を指向するグループと①〜④の特徴をもつ近江・垣籠《かいごめ》古墳（滋賀県長浜市、六世紀前半）、摂津・勝福寺古墳の二条突帯の小型品（図46）のグループが認められる。なお淀川右岸の山城・物集女車塚古墳でも①の特徴をもつ埴輪が含まれているという。時期的には六世紀前半を中心に一部は中葉におよぶ。

千里窯系須恵器

淀川北岸の千里丘陵に須恵器の窯跡群がある。東部の吹田《すいた》窯跡群と西部の桜井谷《さくらいだに》窯跡群に大きく分かれ、あわせて千里窯跡群とよばれている。これまでに約一〇〇基の窯がみつかっており、六世紀に限っていえば、大和王権主導の陶邑《すえむら》窯跡群に勝るとも劣らない生産体制を誇っていたという。とりわけ高杯形土器の裾端部を外傾した面のある山形に仕上げる手法は、千里窯跡群の製品の特徴とされ、汎淀川流域を中心に大和を含めて、一二の古墳・遺跡で出土してい

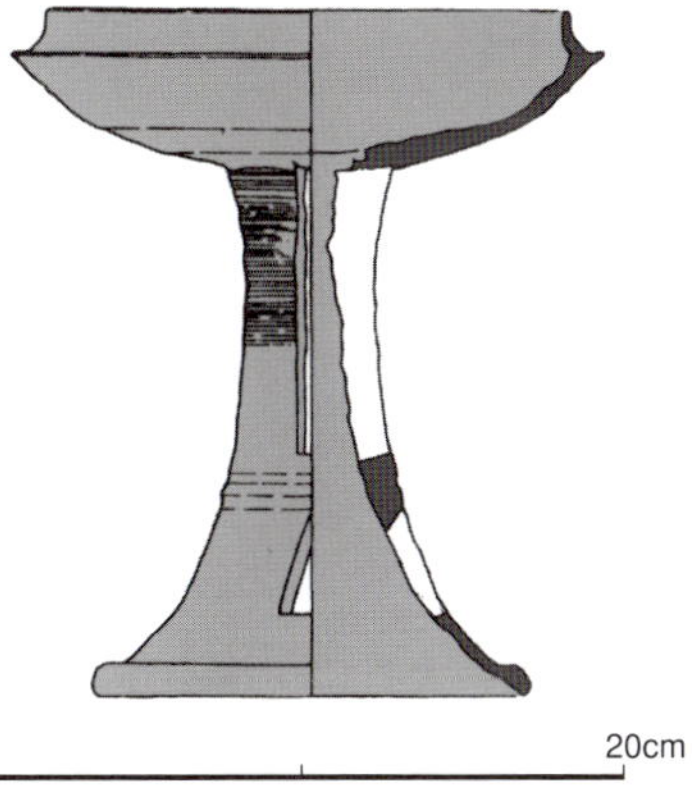

図47 ● 今城塚古墳出土の高杯
植輪祭祀場一区から出土した。

る。今城塚出土の口絵⑤の右よりにある高杯（図47）もそうした特徴をもつもので、脚部にみえる縦長方形と下半にあけられた小さな三角形のスカシ孔は六世紀前半（TK10型式古相）の仕様にふさわしい。

今城塚古墳での検証

図48は、おおむね六世紀前半に限って、前記の威信財三種と尾張系埴輪、千里窯系須恵器の近畿地方北半部における分布を示したものである。まさに史料に記された継体王権の基盤となる汎淀川流域と濃密に重なっている。威信財は王権側からの下賜品であること、尾張系埴輪は王権の差配によって尾張地域の埴輪生産集団との交流・協働がはかられて、それぞれの地域の古墳づくりが進められたことを示している。また、千里窯系須恵器の広がりは、流通を基軸とした生活圏や祭祀圏を同じくする地域連携の証となるものだろう。

いまこれらについて、今城塚に即して若干コメントしておこう。今城塚の埴輪祭祀場では、捩り環の造形表現こそないが、新装の木製柄頭を装着した大刀形埴輪が鹿角製の柄頭をもつタイプの大刀形埴輪とともに、それぞれ二区と三区に分かれて整然と列状に配置されていた事実がある。まさに継体王権のシンボルともいえる威信財の大刀を顕在化させ、祭祀場を権威づけていたと受けとれよう。また三区の参列者である人物埴輪がかぶっていた二山冠は、継体を支える豪族の長の冠帽として、まことに似つかわしい。なお三葉文楕円形杏葉については、馬形埴輪の遺存状況が悪く、馬具として装着していたかどうかはわからない。

図 48 ● 6 世紀前半の近畿地方北部（汎淀川流域）**における威信財 3 種、尾張系埴輪、千里窯系須恵器の分布**

各資料を統合したとき、汎淀川流域での偏在ぶりがうかがえるとともに、とりわけ樟葉（宮）、綴喜（宮）、乙訓（宮）、三嶋（藍野陵）などの地域に突出して目立っている。

今城塚の円筒埴輪は、高さ九〇センチ前後のものが大半を占め、これまでに小形で尾張系の特徴をもつ円筒埴輪は検出されていない。ただ今城塚から西へ約四・五キロのところにある福井遺跡では尾張系埴輪がかなりまとまって出土していて、調査者は至近の南塚古墳に立て並べられていたものと推定している。南塚は六世紀の第1四半期の古墳とみられることから、寿陵である今城塚の造営期間と重なる可能性があるものの、この時期は五世紀の後半に一旦停止されていた新池埴輪窯がまだ閉鎖状態である。そのことに加えて一八号窯などを築いた操業再開時に、尾張系の工人が新池の埴輪工房にやってきた形跡もみられない。

今城塚の目と鼻の先にある南塚の埴輪づくりで活躍していた尾張系の工人たちが、新池埴輪窯の再開をまたず他所に転じたのは、単純に考えて、大王墓である今城塚古墳のために製作する円筒埴輪とはその規模を含めて基本仕様が異なっていたためとみられる。それは、王権直属の土師氏を中心に編成された六世紀前半の新池埴輪製作集団のなかに、東国の工人が参画していたにもかかわらず、尾張の工人が不参加だった事実によっても追認できる。

今城塚の須恵器については、千里窯系が主体とみられるが、陶邑産の長脚《ちょうきゃく》一段《いちだん》無《む》蓋《がい》高杯《たかつき》なども指摘でき、かならずしも一元的に供給されていたわけではない。ただ、量的にはさほど多くないとみられるので、広範なところから搬入して置き並べることに一定の意味があったものと考えられる。

今城塚古墳にみる継体の保守性と革新性

長年のあいだ、今城塚の調査と研究にかかわり、大略、旧来の権威を保とうとする大王墓としての保守性と進取の気風をもった政治的モニュメントとしての革新性が同居している、との感想をもつにいたった。

保守性の最たるものは二重の周濠や造出の設置など、古墳の企画や伝統的な平面形にあらわれており、革新性では墳丘内石積みと暗渠排水溝などの土木技術と大規模な基盤工を敷設した横穴式石室の採用である。その内実は新規の造墓思想に裏打ちされた墳丘の構築と埋葬施設の設置でありながら、表面上は旧態を保持したスタイルとも受けとれる。

こうした革新の気質を内部に秘めながら、保守のベールをまとうという古墳のイメージは、東海の雄である尾張氏や汎淀川流域に蟠踞する三尾氏、近江毛野臣、坂田氏、息長氏、河内馬飼首、茨田連などの勢力を基盤にしつつ、大伴氏、物部氏、和珥《わに》氏などの旧勢力を前面に押し出した継体の政権運営のあり方にも通じる。

そして、みずからの寿陵の造営において、継体がとったなによりも革新的な措置は、歴代の大王墓の葬地である大和と河内（後の和泉を含む）以外の摂津に、はじめて大王墓を築造したこと、そして陪冢をつくらなかったことであろう。継体の淀川流域へのこだわりが感じられるとともに、いつに大王権の絶対化、隔絶化を図った新思考のあらわれと考えられる。

殯宮儀礼再現の意図

いまひとつの象徴である今城塚の張出の形象埴輪群については、第４章において殯宮儀礼の再現と読み解いた。『日本書紀』によると、継体は磐余玉穂宮《いわれたまほ》で五三一年（継体二五）二月七日に崩御し、同年一二月五日に藍野陵に葬られたとある。殯宮は玉穂宮の一画に営まれ、殯の期間は約一〇カ月と算定される。殯があけた継体の亡骸は今城塚に移送され、近親者をはじめ数多の重臣が参列するなかで埋葬されたことだろう。この埋葬儀礼を執行する人物は、殯宮儀礼を主宰した人物と同じであり、継体の権威と権力を引き継ぐことを周囲から承認された次期政権担当者であったに違いない。

すなわち殯宮儀礼は大王権継承儀礼そのものであり、殯宮の様子を今城塚の外側に向けて後付けした張出で、ことさら顕在化させて再現する意味合いが出てくる。こうした形の大王権継承儀礼はそれまでの大王墓の埴輪祭祀にはみられず、継体と彼の後継政権が創始した可能性が高い。それは継体が打ち立てた新体制をその後も確かなものにしていくための政治的パフォーマンス、プロパガンダであったからにほかならない。

ところでこの殯宮儀礼をうつした希有な埴輪群が、その後の大王墓からみつからないのは、ひとえに畿内地域における埴輪祭祀の衰退とそれに連動する埴輪生産の急減によるものと考えられる。したがって大王墓における殯宮の再現は、今城塚のみでおこなわれた可能性が高くなるが、継体王権が仕立てた実際の殯宮儀礼自体は、大王権継承儀礼として確立する大嘗祭が整備される天武・持統朝頃までは、『日本書紀』に散見される殯宮の記事が示すように、重要な儀礼として、継体の後継政権に引き継がれていったものと推察する。

おわりに

新たな課題

今城塚では他に例をみない一〇年間にわたる発掘調査によって、埴輪祭祀場をはじめ、石室基盤工、墳丘内石積みなど、大王墓にふさわしいみごとな遺構がつぎつぎとみつかった。また その一方で太田茶臼山が藍野陵として治定されていった経過も要述したところであり、すでに諸賢には今城塚古墳即継体陵の図式ができあがっていることと思われる。しかし発掘調査や学術的な検討でもって継体陵を追究したとしても、それでもってすべてが解明されたことにはならない。

実際に発掘によって明らかになったことはたくさんあるが、また新たな疑問や課題はつぎからつぎへと湧いてくる。「三つの石棺には、いったい誰と誰が埋葬されていたのか」、「前代未聞の石室基盤工のルーツはどこに求められるのか」などは興味深く、かつ重大な問題である。その答は一朝一夕には出ないが、まずは文化財である今城塚を巨大古墳の典型例として恒久的に保存し、一連の調査であきらかになったさまざまな遺構をいつでも再検証できるようにしておくことが、なによりも大切だと思う。そして歴史遺産としての今城塚については、古代史のなかに真実性の高い大王墓としての定点を示し、大和王権の実態解明や古代国家の成り立ちに関して、重要かつ精度の高い情報が提供できるものと考える。

今城塚古墳が摂津で唯一造営された大王墓である意味合い、それはとりもなおさず、継体王権が汎淀川流域を奥津城とした政権であったことだ。継体大王は摂津三島から朝鮮半島を中心とする東アジア世界を俯瞰し、心を砕いていたに違いない。そして、その思いを死後も変わらずもちつづけようとした。彼のそうした思いのすべては、寿陵として造営した今城塚古墳に託されているのだろう。

自由に見学できる大王墓

二〇一一年の春、今城塚古墳を中心とする一画に「いましろ　大王の杜」が開園した。今城塚では、古墳北側の張出部を舞台に埴輪祭祀場を再現している。日本最大の家をはじめ、塀、器台、盾、甲冑、大刀、武人、巫女、鷹飼人、力士、鶏、水鳥、牛、馬など一八〇体以上の復元形象埴輪が墳丘を背景に並ぶ様子は圧巻で、特設のハニワ・バルコニーからの眺めは古代史ファンにとっては夢の世界だ（図49）。まさに大王の気分にひたれること請け合いである。

また、誰でも自由に墳丘に入って見学できるので、壮大な大王墓の威容が体感でき、完全復元された内堤は一周約一キロの周回路になっていて、木漏れ日のなかでの散策もできる。また随所に見学ポイントがあり、

図49 ●「いましろ　大王の杜」内の今城塚の古墳公園に再現された埴輪祭祀場
埴輪祭祀場に並べられた原寸大の形象埴輪は189点におよび、壮観の一語に尽きる。

発掘調査時の写真やイラストでの説明板も設置されている。

古墳の北側にはプロムナードを通じて、今城塚古代歴史館がある。歴史館では今城塚古墳の調査成果が各種の現物資料とともに、ジオラマ、グラフィック、写真、イラストなどでわかりやすく解説されている。なかでも発掘で出土した数多くの形象埴輪を前後からじっくり見学できるよう工夫されているのは斬新だ。また原産地で調達した阿蘇ピンク石、竜山石、二上山白石をもとに原寸で再現した三つの石棺は、復元品なので石の質感まで味わうことができ、迫力満点である。さらには、三島古墳群や主要な遺跡の情報も盛りだくさんで、今城塚古墳の前史も充分にうかがえる。「いましろ　大王の杜」で継体大王とその時代に思いを馳せていただければ幸いである。

参考文献

游　聘子　一九二六「攝津總持寺々領散在田畠目録研究」『歴史地理』四七―五

和田　萃　一九六九「殯の基礎的考察」『史林』第五二巻第五号

土生田純之　一九八七「三嶋藍野陵整備工事区域の調査」『書陵部紀要』三九、宮内庁書陵部

向日市教育委員会　一九八八『物集女車塚』向日市文化財調査報告書　第二三集

高槻市教育委員会　一九九三『新池』―新池埴輪製作遺跡発掘調査報告書―

森田克行　一九九五「第五章　一八号埴輪窯の調査」『ハニワ工場公園』高槻市教育委員会

小野山節ほか　一九九五『琵琶湖周辺の六世紀を探る』京都大学文学部考古学研究室

奈良県立橿原考古学研究所　一九九五『斑鳩　藤ノ木古墳　第二・三次調査報告書』斑鳩町・斑鳩町教育委員会

高槻市教育委員会　一九九七『継体天皇と今城塚古墳』吉川弘文館
名神高速道路内遺跡調査会　一九九八『梶原古墳群』名神高速道路内遺跡調査会調査報告書　第四集
森田克行　二〇〇〇「継体大王の港津—三島の筑紫津—」『あまのともしび』
羽曳野市教育委員会　二〇〇二『史跡古市古墳群　峯ヶ塚古墳後円部発掘調査報告書』
森田克行　二〇〇三「今城塚古墳と埴輪祭祀」『東アジアの古代文化』第一一七号
森田克行　二〇〇四「今城塚古墳の埴輪群像を読み解く」『発掘された埴輪群と今城塚古墳』高槻市立しろあと歴史館
宮内庁書陵部　二〇〇四「継体天皇　三島藍野陵墳塋裾護岸その他工事区域の調査」『書陵部紀要』五五
NHK大阪　二〇〇四『大王陵発掘　巨大はにわと継体天皇の謎』
大阪大学稲荷塚古墳発掘調査団　二〇〇五『井ノ内稲荷塚古墳の研究』大阪大学文学研究科考古学研究報告第三冊
NHK、NHKプロモーション、産経新聞社　二〇〇五『新シルクロード展—幻の都 楼蘭から永遠の都 西安へ—』
森田克行　二〇〇六『今城塚と三島古墳群』同成社
高槻市立しろあと歴史館　二〇〇六『三島古墳群の成立—初期ヤマト政権と淀川—』
高木博志　二〇〇六「近代の陵墓問題と継体天皇陵」『近代天皇制と古都』岩波書店
大阪大学文学研究科考古学研究室　二〇〇七『勝福寺古墳の研究』大阪大学文学研究科考古学研究報告第四冊
森田克行　二〇〇七「今城塚古墳と筑紫津」『大王の棺を運ぶ実験航海—研究編』石棺文化研究会
森田克行　二〇〇八「第2章　6　古代における淀川の鵜飼」『継体天皇二つの陵墓、四つの王宮』新泉社
高槻市教育委員会　二〇〇八『継体天皇の時代—徹底討論・今城塚古墳—』吉川弘文館
高槻市立しろあと歴史館　二〇〇九『シリーズ「高槻の村と町」郡家村の歴史』第一三回企画展
奈良県立橿原考古学研究所　二〇一〇『大唐皇帝陵』
宮内庁書陵部　二〇一〇「百舌鳥陵墓参考地　墳丘裾護岸その他整備工事に伴う事前調査」『書陵部紀要』六一
大阪府立近つ飛鳥博物館　二〇一〇『継体大王の時代』
森田克行　二〇一〇「埴輪祭祀からみた王権」『第一三回濱田青陵賞授賞式記念シンポジウム国家誕生』岸和田市ほか
高槻市立今城塚古代歴史館　二〇一一『三島と古代淀川水運Ⅰ—初期ヤマト王権から継体大王の登場まで—』

いましろ　大王の杜

・交通　ＪＲ京都線「摂津富田」駅下車、徒歩約25分。または市営バス南平台経由奈佐原行きで「今城塚古墳前」下車すぐ。関西大学・萩谷・萩谷総合公園行きで「氷室」下車、徒歩３分

整備された史跡今城塚古墳を中心とした広さ九ヘクタールの古墳公園。

高槻市立今城塚古代歴史館

・大阪府高槻市郡家新町48番８号
・電話　０７２（６８２）０８２０
・開館時間　10：00〜17：00（入館は16：30まで）
・休館日　月曜日・祝日の翌日・年末年始（12月28日〜1月3日）
・入館料　無料（特別展・企画展は別途入場料が必要）

「いましろ　大王の杜」公園内にあり、二〇一一年四月に開館。館内には、「体験学習室」「講座室」「はにたん観光情報コーナー」などもあり、さまざまな学習ニーズにも対応できる。

足を少しのばせば、完全未盗掘古墳として有名な闘鶏山古墳や新池埴輪製作遺跡、三島藍野陵に治定されている太田茶臼山古墳も徒歩圏内で見学でき、時間に余裕があれば、三世紀（邪馬台国時代）の安満宮山古墳や藤原鎌足の墓と考えられている飛鳥時代の阿武山古墳もめぐることができる。

今城塚古代歴史館

ハニワ工場館

・大阪府高槻市上土室一丁目
・電話　０７２（６９５）８２７４
・開館時間　10：00〜17：00
・休館日　年末年始
・入館料　無料
・交通　ＪＲ京都線「摂津富田駅」より市営バス公団阿武山行きで「上土室」下車、徒歩約5分。

今城塚古墳に並べられた埴輪を焼いた新池埴輪製作遺跡を保存したハニワ工場公園内にあり、窯跡を見学できる。

今城塚古代歴史館の展示

刊行にあたって

「遺跡には感動がある」。これが本企画のキーワードです。

あらためていうまでもなく、専門の研究者にとっては遺跡の発掘こそ考古学の基礎をなす基本的な手段です。また、はじめて考古学を学ぶ若い学生や一般の人びとにとって「遺跡は教室」です。

日本考古学では、もうかなり長期間にわたって、発掘・発見ブームが続いています。そして、毎年厖大な数の発掘調査報告書が、主として開発のための事前発掘を担当する埋蔵文化財行政機関や地方自治体などによって刊行されています。そこには専門研究者でさえ完全には把握できないほどの情報や記録が満ちあふれています。しかし、その遺跡の発掘によってどんな学問的成果が得られたのか、その遺跡やそこから出た文化財が古い時代の歴史を知るためにいかなる意義をもつのかなどといった点を、莫大な記述・記録の中から読みとることははなはだ困難です。ましてや、考古学に関心をもつ一般の社会人にとっては、刊行部数が少なく、数があっても高価なその報告書を手にすることすら、ほとんど困難といってよい状況です。

いま日本考古学は過多ともいえる資料と情報量の中で、考古学とはどんな学問か、また遺跡の発掘から何を求め、何を明らかにすべきかといった「哲学」と「指針」が必要な時期にいたっていると認識します。

本企画は「遺跡には感動がある」をキーワードとして、発掘の原点から考古学の本質を問い続ける試みとして、日本考古学が存続する限り、永く継続すべき企画と決意しています。いまや、考古学にすべての人びとの感動を引きつけることが、日本考古学の存立基盤を固めるために、欠かせない努力目標の一つです。必ずや研究者のみならず、多くの市民の共感をいただけるものと信じて疑いません。

監　修　戸沢　充則

編集委員　勅使河原彰　小野　昭　小野　正敏　石川日出志　小澤　毅　佐々木憲一

著者紹介

森田克行（もりた・かつゆき）

1950年、大阪府生まれ。

龍谷大学文学部史学科（考古学専攻）卒業。

高槻市教育委員会埋蔵文化財調査センター所長、文化財課長、地域教育監、今城塚古代歴史館館長を経て、現在、同館特別館長ならびに高槻市立しろあと歴史館特別館長、藍野大学非常勤講師。高槻城跡、安満遺跡、安満宮山古墳、今城塚古墳、闘鶏山古墳、新池遺跡、阿武山古墳、昼神車塚古墳など多数の遺跡の調査と研究にかかわる。

主な著作　『摂津高槻城』、『新池』、『史跡闘鶏山古墳』、『弥生土器の様式と編年』近畿編Ⅱ、「青龍三年鏡とその伴侶」『古代』105、「城の石垣」『考古学による日本歴史6』、「最古の銅鐸をめぐって」『究斑Ⅱ』、『江戸の開府と土木技術』、『藤原鎌足と阿武山古墳』、「水運王継体と「磐井の乱」」『継体大王と筑紫君磐井』ほか多数。

写真提供・所蔵
口絵①〜⑪、図2下〜6・8・10〜19・24・26左下・31・33〜36・43・49：高槻市教育委員会、図2上：大阪府教育委員会、図25：奈良県立橿原考古学研究所附属博物館、図26右上：松阪市教育委員会、図26右下：宮内庁書陵部、図26左上：藤井寺市教育委員会、図28：東京国立博物館所蔵　Image:TNM Image ArchivesSource:http://TnmArchives.jp/、図32：陝西省考古研究院、図44：隅田八幡神社、図45（広帯二山式冠）：滋賀県立安土城考古博物館、図46：大阪大学考古学研究室（川西市教育委員会所蔵）

図版出典
図1：高槻市教育委員会2008、図20・37・45（三葉文楕円形杏葉）：大阪府立近つ飛鳥博物館2010、図39：森田2000に加筆、図41：高槻市立今城塚古代歴史館2011、図45（捩り環頭大刀）：羽曳野市教育委員会2002、図47：高槻市立しろあと歴史館2004、表3：森田2007

上記以外は著者

シリーズ「遺跡を学ぶ」077

よみがえる大王墓・今城塚《いましろづか》古墳

2011年8月15日　第1版第1刷発行
2017年4月15日　第1版第2刷発行

著　者＝森田克行

発行者＝株式会社 新 泉 社
東京都文京区本郷2-5-12
TEL03(3815)1662／FAX03(3815)1422
印刷／萩原印刷　製本／榎本製本

ISBN978-4-7877-1047-5　C1021

シリーズ「遺跡を学ぶ」

第1ステージ（各1500円＋税）

03 古墳時代の地域社会復元　三ツ寺Ⅰ遺跡　若狭　徹
08 未盗掘石室の発見　雪野山古墳　佐々木憲一
10 描かれた黄泉の世界　王塚古墳　柳沢一男
16 鉄剣銘一一五文字の謎に迫る　埼玉古墳群　高橋一夫
18 土器製塩の島　喜兵衛島製塩遺跡と古墳　近藤義郎
22 筑紫政権からヤマト政権へ　豊前石塚山古墳　長嶺正秀
26 大和葛城の大古墳群　馬見古墳群　河上邦彦
28 泉北丘陵に広がる須恵器窯　陶邑遺跡群　中村　浩
32 斑鳩に眠る二人の貴公子　藤ノ木古墳　前園実知雄
35 最初の巨大古墳　箸墓古墳　清水眞一
42 地域考古学の原点　月の輪古墳　近藤義郎・中村常定
49 ヤマトの王墓　桜井茶臼山古墳・メスリ山古墳　千賀　久
51 邪馬台国の候補地　纒向遺跡　石野博信
55 古墳時代のシンボル　仁徳陵古墳　一瀬和夫
63 東国大豪族の威勢　大室古墳群〔群馬〕　前原　豊
73 東日本最大級の埴輪工房　生出塚埴輪窯　高田大輔
81 前期古墳解明への道標　紫金山古墳　阪口英毅
84 斉明天皇の石湯行宮か　久米官衙遺跡群　橋本雄一
85 奇偉荘厳の白鳳寺院　山田寺　箱崎和久
93 ヤマト政権の一大勢力　佐紀古墳群　今尾文昭
94 筑紫君磐井と「磐井の乱」　岩戸山古墳　柳沢一男
別04 ビジュアル版古墳時代ガイドブック　若狭　徹

第2ステージ（各1600円＋税）

103 黄泉の国の光景　葉佐池古墳　栗田茂敏
105 古市古墳群の解明へ　盾塚・鞍塚・珠金塚古墳　田中晋作
109 最後の前方後円墳　龍角寺浅間山古墳　白井久美子
117 船形埴輪と古代の喪葬　宝塚一号墳　穂積裕昌